住进好房子

选房购房装修改造
图解速读

歆静 编著

机械工业出版社
CHINA MACHINE PRESS

本书采用图文结合的方式，详细讲述了选房、购房、装修、改造的全过程，帮助读者轻松买房，在选房路上巧妙躲避"陷阱"。帮助读者结合自身购买需求，综合考虑价格、地理位置、交通情况、户型等因素，快速筛选出适合购买的房源信息，了解购房交易的全过程，买到称心如意的新家。本书对装修及改造的技术难点进行了深度剖析，帮助读者解决装修及改造中的常见问题。本书不仅适合刚需购房者参考，还可作为房地产中介行业从业者的岗前培训教程。

图书在版编目（CIP）数据

住进好房子：选房购房装修改造图解速读/歆静编著. —北京：机械工业出版社，2023.12

ISBN 978-7-111-74581-5

Ⅰ.①住… Ⅱ.①歆… Ⅲ.①住宅—选购—中国②室内装饰设计

Ⅳ.①F299.233.5②TU238.2

中国国家版本馆CIP数据核字（2024）第035867号

机械工业出版社（北京市百万庄大街22号　邮政编码100037）
策划编辑：宋晓磊　　　　　　责任编辑：宋晓磊　张大勇
责任校对：郑　婕　陈　越　　封面设计：鞠　杨
责任印制：常天培
北京机工印刷厂有限公司印刷
2024年4月第1版第1次印刷
184mm×260mm·11.75印张·220千字
标准书号：ISBN 978-7-111-74581-5
定价：69.00元

前言

　　每个人都想买套好房子，但过程中会遇到很多困难，地段好的房子大家都想要，高价格会让人望而却步；价格低的房子数量不少，但是交通不便，配套设施也不完善；价格合适的房子会有很多人抢购，让购房者身心俱疲。买房从来都不是一件容易事，要在短时间内买到称心的房子，必须从多角度辨析。

　　我国未来房地产在品质上将有所转变，从原来的中低端房地产逐步转向高端。以往的住宅建设，无论是建筑材料，还是设计形态，都是粗放型增长，品质有提升空间。随着我国经济进入到高质量发展阶段，房地产也要适应高质量发展需要，房地产品质必定向中高端转变。转变之后的住宅会在结构上发生变化，空间布局会更合理，后期装修设计、施工逐渐形成模式化。消费者需要将关注点集中在选房、购房上，尤其是精装房的普及，让装修、改造更加轻松。因此，选好户型与地段，理清购房程序是关键。

　　本书逐一讲述了选房、购房、装修、改造的知识点。

　　1. 寻找真实房源，识别房产的优劣，从房屋面积、地理位置、房屋质量等多方面因素综合评估，对现行购房政策进行理性分析，将购房这件事从计划到落地实施，形成完整的思路，让购房者对购房有更清晰的认知。

　　2. 通过对户型种类进行多角度分析，对比不同类型住宅的优势与劣势，将适合自己生活习惯的户型选出，在选房时就初步设想平面布置方案，为后期装修打好基础。

　　3. 了解购房交易全过程，列出购房步骤清单，对购房中需提交的资料、常见"陷阱"、交易注意事项等进行标注，躲避购房圈套。统计购房中需要缴纳的各种费用。

　　4. 精准化验收房屋，严格把控验房细节，对房屋进行全面检查，对容易出现的问题重点关注，全面进行布局设计，抓住施工细节，合理进行软装搭配，避开装修"陷阱"。

　　本书全面讲解了选房、购房、装修、改造的全套流程，对于购房者来说，本书将购房、装修中的各种疑惑进行了分析，能够有效避免各种"陷阱"，让每一位购房者都能买到称心如意的新家。读者可加微信 whcdgr 获取本书配套资源。

编　者

目录

第1章
好房子怎么选

识读难度：★☆☆☆☆

重点概念：房源信息、户型面积、地理位置、
样板间设计、户型符号

章节导读：买一套房子或许很容易，但是买一套称心如意的房子却很困难，由于初次购房者没有购买经验，往往对所购房屋的地段、面积、户型等没有全面的认知。购房是选择自己未来的生活，好房子能提升居住的幸福指数，本章将从入门水平出发，归纳出选房的基本要领。

1.1　去哪里找房源

寻找房源是一件令人特别烦恼的事情，在购房之前应当确定房源信息的真实性。在看房之前应当在网络上提前了解楼盘信息，包括楼盘的最新资讯、周边环境情况、口碑评价等。甚至应找机会与其他业主聊聊楼盘实际的居住体验与物业服务等。

1.1.1　关注房地产中介官方网站

房地产中介官方网站是找房源的重要渠道，在房地产中介官方网站上能够收集各个楼盘的信息，能够看到各种正面、负面的评价，这是寻找房源最快的方式。

1.1.2　关注房地产企业官方微信公众号

房地产企业官方微信公众号是获取房源信息的重要渠道，尤其是对房地产开发商有要求的购房人群，可以直接进入房地产企业官方微信公众号查询更多信息。

1.1.3　向亲朋好友询问房源信息

积极向周围亲朋好友询问房源信息，相对于陌生人，亲朋好友的话更具有可信度，通过已经购买过房子的好友，购房者能够直接观看到房子的品质。

1.1.4　实地考察房产信息

购房时要进行实地考察，观察周边环境可从交通出行、生活便利、对口学校等方面进行考察。此外，周边的规划用地是否为住宅或商业用地也要了解清楚（图1-1）。

图 1-1　商业地产效果图

↑商业地产效果图给购房者带来的信息主要是住宅楼盘的体量与规模、辨清出入口与交通要道的方位、熟悉周边生活配套设施，这些也是购房投资需重点考虑的条件。

1.2 辨别住宅的好坏

从大多数购房者的需求来看,户型结构、所在楼层、平面布局、进深与面宽、楼栋朝向、楼间距、小区环境、周边配套设施等是影响住宅好坏的基础因素。

1.2.1 户型结构

通常每层的户数越少,采光、通风、交通环境就越好。两梯三户、两梯四户的中间户采光、通风会相对较差,且空气不能形成对流,一天中室内的光照时间要低于边户(图 1-2、图 1-3)。

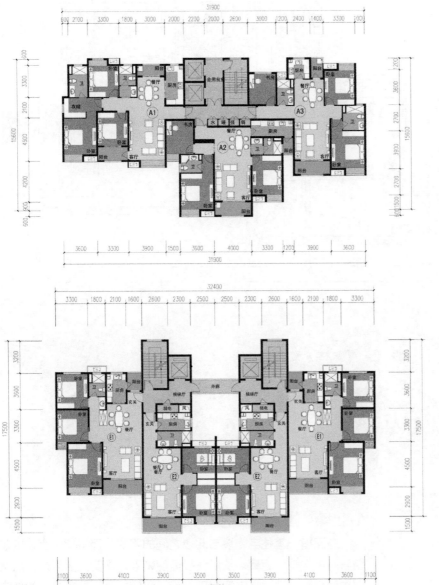

图 1-2 两梯三户
←两梯三户的中间户呈三面包围的形态,该户型只有一面具有通风采光条件;而旁边的两个边户至少有三面可以采光,且空气形成对流,是比较理想的住宅户型结构。

图 1-3 两梯四户
←两梯四户的中间两户只有一面具有良好的采光,由于是连廊设计,厨房与次卧具有一定的通风效果,但远远低于边户的通风效果,且这一面的采光极差,室内光线较暗。

1.2.2 所在楼层

楼层越高，通风效果越好，低层户型有树木遮挡通风较差，一般5～7层、12～15层的通风效果较好，是住宅中的黄金楼层，但价格较高且不易入手。

1.2.3 平面布局

客厅、餐厅与阳台在一条轴线上，中间无遮挡且空气南北对流的格局较好，是理想的住宅户型。卫生间、厨房直接对外开窗，比在楼道或公共走廊开窗的通风效果要好，也能避免引起左邻右舍之间的矛盾（图1-4）。

图1-4 住宅户型图
→从住宅户型图中可以看出，厨房、卫生间拥有独立开窗的设计，空间内能保持良好的通风，这种格局也能避免潮湿。餐厅、客厅、书房处于同一横向轴线上，能形成空气南北对流的良好格局。

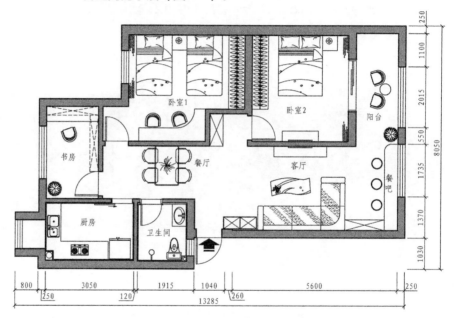

a）平面图

b）鸟瞰图1

c）鸟瞰图2

1.2.4 进深与面宽

进深指一套住宅南墙与北墙之间的距离，面宽指一套住宅东墙与西墙之间的距离。从居住舒适度来看，面宽大更舒适；从空间布局来看，进深大空间利用率高。面宽越大、进深越小的住宅通风效果越好。一般进深与面宽的黄金比例为 6 ∶ 4，且住宅进深不宜超过 14m。

1.2.5 楼栋朝向

客厅朝向代表了住宅朝向，南北双窗且空气能对流的户型即为南北朝向的户型。正南朝向的户型通风效果好，其次为东南朝向户型，户型朝向由楼栋朝向决定。

1.2.6 楼间距

楼间距是相邻建筑楼的外墙面距离，是同一小区中相邻楼与楼之间的距离，控制楼间距能更好地保障人们工作、生活的质量与安全，并能很好地满足必需的日照时长、采光、通风、隔声等要求。

在设计楼与楼之间的前后间距时，两栋楼的间距应不小于前楼高度的 0.8 倍。楼与楼的左右间距，多层建筑（4 ~ 6 层及以下）与多层建筑之间的间距为 6m；多层建筑与高层建筑（12 层及以上）之间的间距为 9m；高层建筑与高层建筑之间的间距应为 13m（图 1-5）。

图 1-5 楼间距

←楼间距的作用主要表现在采光、通风、隐私、防噪声这四个方面，其中采光效用尤为突出。一般南朝向的住宅采光较好，但是如果楼间距过近，即使是南向的住宅也可能出现采光不足的现象。此外，楼间距对消防工程来说也至关重要，楼间距过小会导致消防车辆无法进入现场。

1.2.7 小区环境

选房时应多注意该小区的周边环境，包括绿化、休闲活动等场所，可从售楼处的规划模型上了解相关的实际情况。小区的绿化率越高，建筑密度越低，生活环境也会越好。

此外，休闲场所修建资金较大，且后期维护费用零散，在楼盘前期规划中，各种游玩设施、游泳池、网球场、足球场等都会设计在内，但后期规划也会有改变，应关注具体发展情况。

1.2.8　周边配套设施

购房前要注意周边配套设施，不能只看价格，还要关注其他因素，入住后如果没有基本的配套设施，将会对生活造成很多不便（图1-6）。

图1-6　建筑模型
→可以根据建筑模型了解环境与配套设施，建筑模型是根据整体规划图纸制作的，还原率会达到90%以上，绿化、休闲活动场所、周边设施都能尽收眼底。

1.3　选面积多大的住宅合适

在购房过程中，要先确定自己能够购买的住宅面积。房价是以面积和单价来计算的，买多大面积的住宅需要根据自己的实际情况量力而行。

1.3.1　根据经济能力选择购房面积

不同经济能力的购房者会选择购买不同面积的住宅，小面积的住宅可用于过渡（图1-7），在经济能力允许的条件下，购买大面积的住宅可以满足一家人的生活需求，居住空间大而舒适，各方面的功能也十分齐全，可省去换房烦恼。

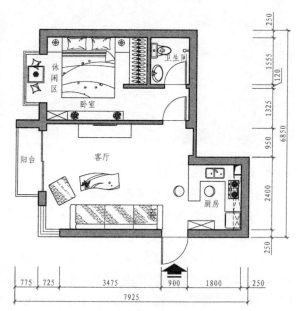

a）平面图

图1-7　小户型

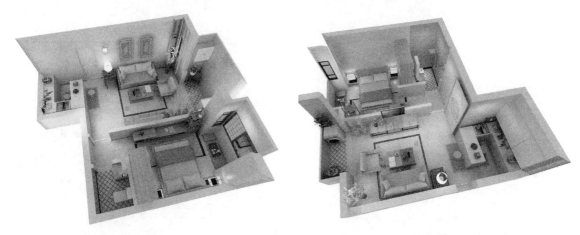

b）鸟瞰图 1　　　　　　　　　　　　　　　　c）鸟瞰图 2

图 1-7　小户型（续）

↑一室一厅的小户型适合两人居住，超过两人则会显得空间十分局促，且基本生活需求无法保证。

1.3.2　根据家庭年收入计算购房面积

购房者可根据家庭年收入来计算购房面积，公式为"家庭年收入 ×5 = 总房价"，然后根据房价计算购房面积。

例如，房价是 1 万元 /m² ，若家庭年收入达到 30 万元，则可选购面积为 150m² 的房子。

1.3.3　根据人均使用面积计算购房面积

根据家庭成员数量选择购房面积是比较科学的选择方式，当家庭成员较多时，小户型无法满足基本的居住需求，当家庭成员较少，户型较大时，家庭环境会显得十分空旷（图 1-8）。

例如，目前家庭成员有一对夫妻、上幼儿园的子女以及年迈的父母，为了满足基本的生活需求，家庭成员的使用面积分别为：夫妻的使用面积总共 50m² ，学龄前子女的使用面积为 10m² ，小学至高中的子女的使用面积为 15m² ，读大学的子女和老人的使用面积均为 20m² ，则该家庭所需住房面积为：50m² + 10m² + 20m² + 20m²=100m² 。

1.3.4　根据税费支出选择购房面积

无论是购买新房还是二手房，交易过程中都需要缴纳税费，其中契税的多少和住宅的面积大小息息相关，住宅面积越大、契税越高，这无疑增加了购房成本。因此，购房时要查询关于契税的相关信息，并可以在享受契税优惠的范围内选房。

例如，在 100m² 和 89m² 的住宅中，一般建议选择 89m² 的住宅。首套房面积在 89m² 的住宅，一般需缴纳 1% 的契税。面积在 90 ~ 144m² 房子的契税，税率一般会减半征收，即实际税率为 2%。

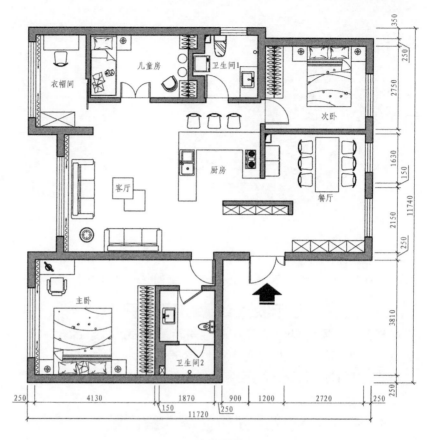

a）平面图

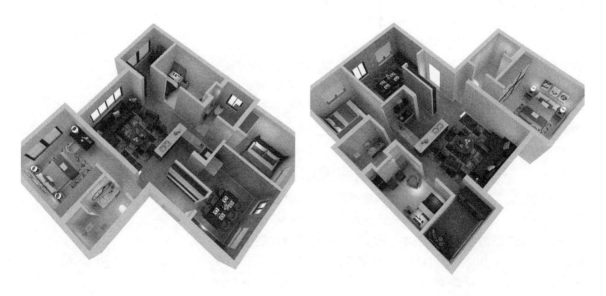

b）鸟瞰图1　　　　　　　　　　　　　　c）鸟瞰图2

图1-8　大面积户型

↑大面积户型居住舒适。随着家庭成员人数增加，能够合理安排家人的居住房间，保证一家人的生活需求。

1.4 选定购房区域

购房区域要根据生活、工作范围来选定，在日常生活圈周边购房，成本会较高，如果远离日常生活圈，又会造成交通成本过高，因此要多方面权衡考虑。

1.4.1 自己工作的区域

在自己工作的区域购房，最大的好处在于上下班便利、通勤时间较短。购房者需要考虑自己的职业规划，是否有可能更换工作。

1.4.2 房价处于价格"洼地"的区域

城市中有些区域会由于经济发展较缓慢，房价相对便宜，在这些区域购房置业是不错的选择。

1.4.3 亲朋好友所在的区域

距离影响人与人之间的关系，选择在亲朋好友所居住的区域购房置业，这样也便于彼此相互照应，见面、聚会也会比较方便。

高速铁路、城市铁路、地铁等公共交通工具将各个区域紧密联系，购房置业时，应优先考虑自己回家或亲友探望是否方便，考虑与车站的距离，考虑来往交通的便利性与通勤时间等。

1.4.4 环境良好的区域

居住环境是选房的重要元素，湖景房、江景房、山景房或者海景房等都十分抢手，而新开发的区域则拥有更优质的自然环境，房价适中（图 1-9）。

1.4.5 有发展潜力的新区域

一些区域原来的发展比较落后，但随着政府大量资金的投入和扶持，发展进程逐渐加快，在这样的发展区域购房置业，无论是自己住还是投资，都将会是不错的选择（图 1-10）。

图 1-9 湖景房
↑湖景房是我国内地比较罕见的优势商品房，环境优美，但房价相对较高，可以考虑郊区或远城区。

图 1-10 经济开发区住宅
↑经济开发区的配套设施与住宅同步建设，基础建设完善后将会给生活、工作带来极大的便利。

1.5 常见房屋质量问题

新买的房屋出现质量问题，对购房者来说会造成一定的影响，在购买二手房前一定要仔细检查一遍，新房收房时也一定要全面验收，验收合格才能签署合格验收单。

1.5.1 楼体不稳定

楼体不稳定表现为房屋过了沉降期后依然下沉不止，不均匀沉降导致楼体倾斜、整体强度不够，楼体受震动后或在大风中会摆动。因结构不完善，部分或全部承重体系载力不够，不均匀的沉降引起房屋的开裂，从而导致楼体有局部或全部坍塌的隐患。

1.5.2 房屋出现裂缝

房屋裂缝包含墙体裂缝与楼板裂缝，在看房时要仔细观察墙体是否存在人为修补的痕迹，或者特意掩盖裂缝的痕迹。裂缝分为强度裂缝、沉降裂缝、温度裂缝、变形裂缝等，主要是由于材料强度不够、结构或墙体受力不均、抗拉或抗压强度不足等原因造成的（图 1-11、图 1-12）。

图 1-11 楼板裂缝

↑新建房在前两年出现下沉属于正常现象，基础的沉降是地基土变形所致，在正常范围内是允许的。如果过了沉降期依然下沉，则这样的房屋存在安全隐患，需要慎重选择。

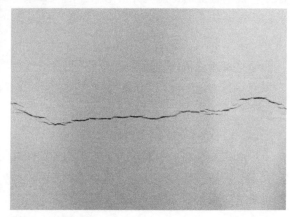

图 1-12 墙体开裂

↑墙体横向开裂不仅影响建筑结构安全，还影响室内装修的美观性，影响生活。

1.5.3 房屋发生渗漏

渗漏的问题主要是源于防水工程不达标，一般会出现厨房、卫生间向外的水平渗漏以及向楼下的垂直渗漏，垂直渗漏大多见于各种管线与楼板的接合处。在雨季及厨房、卫生间用水量大时，渗漏现象会越发严重（图 1-13）。

1.5.4 门窗质量堪忧

精装房自带装修，本身就有门窗，在购房、收房时要对门窗做开关检验，检查是否存在开合不流畅的情况。此外，在购房、收房前还要检查窗户是否存在渗水、锈蚀，钢门窗零件是否脱落等，避免给后期带来不必要的麻烦（图 1-14）。

图 1-13 住房渗漏
↑防水工艺不过关或防水材料存在质量问题，都会导致住房渗漏，尤其是在卫生间与厨房空间产生的渗漏问题，情况严重会影响正常生活，还会导致邻里关系不和睦。

图 1-14 窗户渗水
↑窗边角渗水会导致墙皮脱落、发霉，遇到暴风雨天气渗水更严重，会严重影响生活。

1.5.5 水、电、暖、气位置不合理

水、电、暖、气的位置设计包括水池、浴盆、蹲（坐）便器、水表、地漏、电源开关、电源插座、电表、暖气片、煤气灶、煤气表等的位置设计，如果安装位置与日常生活要求不符，不但影响后期家具布置，还会影响正常操作（图 1-15）。

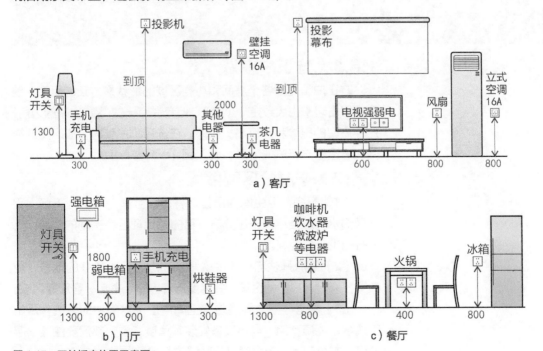

图 1-15 开关插座位置示意图

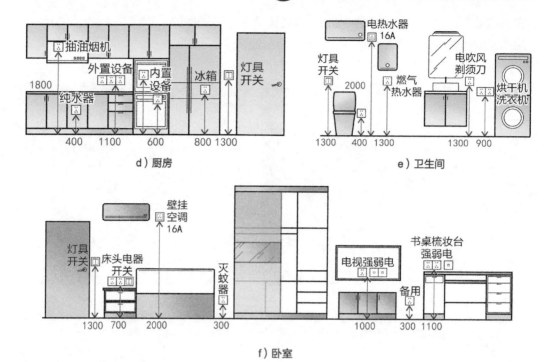

d）厨房

e）卫生间

f）卧室

图1-15 开关插座位置示意图（续）

1.6 好户型的标准

房屋户型的好坏会直接影响到居住体验，好的户型能够让居住者身心愉悦，而坏的户型不仅体验感极差，装修起来也十分烦琐，造价更高。

1.6.1 方正户型为"上上选"

方正户型是指各个房间和功能区域的形状是方正的矩形，整套房屋看起来也大致是一个矩形，但允许有一些"溢"出来的边角，这种户型的整体利用率高。此外，在选择小户型时，应尽量选择南北通透的方正户型（图1-16、图1-17）。

1.6.2 干湿分区要合理

（1）厨房、卫生间为湿区，客厅、卧室、书房为干区，因干区怕水，应当尽量干湿分离，目的是保证各个空间的整洁，日常打扫也十分便利。

（2）厨房是住宅空间中噪声、油烟、污水较多的地方，应布置在靠近入户门的区域，并尽量远离卧室、书房、客厅等区域。

（3）厨房与卫生间是住宅空间中上下水集中的区域，从施工成本、能源利用、电热设备安装等角度来看，都需要注意干湿分离，减少漏水、渗水对其他区域的危害。

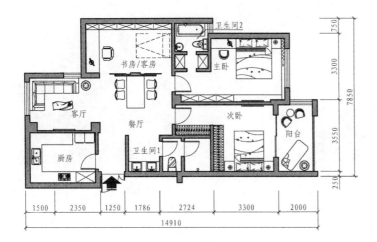

a) 平面图

b) 鸟瞰图 1

c) 鸟瞰图 2

图 1-16 方正户型

↑各个空间的户型趋向于矩形，家具摆放规整，没有异形区域。

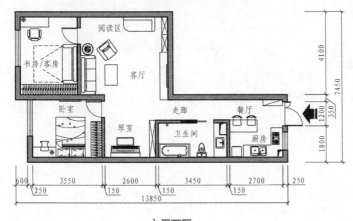

a) 平面图

图 1-17 特异户型

b）鸟瞰图 1

c）鸟瞰图 2

图 1-17　特异户型（续）

↑户型中出现狭长转角走道，且家具摆放受到一定限制。

1.6.3　动静分区减少干扰源

动区是人们活动较为频繁的区域，如客厅、餐厅、厨房等，应靠近入户门。而静区则是供居住者休息的区域，如卧室、书房等，应当尽量布置在户型内侧，减少干扰。动区和静区之间分离，也可以减少相互干扰（图 1-18）。

图 1-18　动静分区

↑好户型应当具有合理的动静分区设计，能够将动区集中在一起，将静区设计在户型最深处，这样也能避免相互干扰。从此图中可以看出，动区（红色）主要集中在入户门两侧，使用次数比较频繁；静区（蓝色）设计在户型最里侧，既能保证足够的安静，也能保护居住者的隐私。综合区（紫色）为餐厅，属于动、静区的过渡空间。

1.6.4　户型朝向需考虑

为了保证采光和通风，选房时必须考虑户型朝向，一般正南朝向、东南朝向、西南朝向的房屋光照较好，能够满足生活中的采光需求，客厅和卧室最好是南朝向（图 1-19、图 1-20）。

图 1-19　客厅

↑客厅是一家人休闲娱乐、放松身心的场所，也是住宅中不可或缺的生活空间。良好的采光与通风设计能够让客厅散发活力，让居住者保持乐观向上的生活态度。

图 1-20　卧室

↑卧室两面采光的户型不多见，可以借助良好的采光设计梳妆台或书桌，增强卧室的使用率。

★ **补充要点** ★

识别不好的户型

1. 走廊式户型。有的户型形状狭长，长宽比例夸张，就像一个长走廊，宽度不够，这样的户型中长走廊除了保证购房者的通行之外，并没有什么实际作用。此外，户型中如果有狭长的走廊，一般房屋平面都会偏向长方形，这也会影响到房屋的采光和通风（图 1-21）。

2. 锯齿式户型。有的户型看起来参差不齐，不太规则，类似于锯齿形，这种户型并不少见，且存在很多采光和通风的死角，这些死角只能依赖人工照明。如果有条件选择其他户型，最好放弃这种户型（图 1-22）。

图 1-21　走廊式户型

↑从进门就形成长走廊，只能作为通行空间，十分浪费。

图 1-22　锯齿式户型

↑户型外墙呈不规则锯齿形态，空间均呈现出不规则感，且单面采光通风，空间中存在较多的死角，只能依赖于人工照明设计。卫生间位于中间位置，没有自然采光与通风。

1.7 正确看待样板间

购房时要明白"样板间≠真实房子"，样板间是开发商通过精致的装修配饰，赋予室内空间完美的装修效果。视觉效果好、造价比较高，但不一定实用。

1.7.1 家具"瘦身"扩大视觉面积

样板间的家具摆设十分讲究，有些会通过等比例缩小家具，让室内空间在视觉上感觉更开阔，这种空间会更多考虑视觉装修效果，而忽视实际使用需求。例如，一般床的尺寸应该是2000mm×1800mm，但在样板间中，开发商可能会选用小于这个尺寸的床放置在房间。此外，沙发选用小型三人座或两人座会显得客厅空间很大（图1-23）。

1.7.2 利用玻璃与灯光增加空间亮度

样板间并不等于房子未来的模样，样板间只是供购房者作为置业参考的对象。样板间的设计中会利用灯光、镜子等元素，来增加室内的空间感，从而使得小户型的房子在视觉上看起来更宽阔明亮（图1-24）。

图1-23 样板间中的客厅、餐厅

↑样板间是一个楼盘的"脸面"，其装修的好坏直接影响到房子的销售情况，为了使样板间的面积看起来较大，有时会布置小型家具来体现空间。试图打造能够让购房者怦然心动的样板间。

图1-24 样板间中的卧室衣柜

↑样板间中的卧室衣柜多采用大面积透明玻璃柜门，但是衣柜进深较小，玻璃柜门会有一定安全隐患。

1.7.3 装修华丽让人心动不已

样板间的装修总会给人心潮澎湃、奢华富丽的感觉，精品样板间常选用质地优良、价格昂贵的家居产品。此外，样板间的户型、采光及通风等都经过精挑细选，连窗外的景观都十分出色。因此，购房者必须明白样板间仅仅是一个参考样本，只是一种营销手段。

1.8 看懂户型图

目前在售的房屋大多数为期房，购房者只能通过户型图来选房，在购房时要学会看懂户型图，户型图中有许多户型符号，购房者需了解这些户型符号。

1.8.1 认清方向指示

户型图上一般会标注南北方向，如果没有标注则默认上北、下南、左西、右东，确认了户型方向后就能知道户型朝向，并判断该户型是否有向阳、西晒、南北通透等情况（图 1-25、图 1-26）。

图 1-25 阴面住宅
↑采光较差，在白天需要开灯才能看清楚室内的摆设，一般需要人工照明来辅助采光。

图 1-26 阳面住宅
↑采光条件好，阳光最强时需要借助纱帘来阻挡刺眼的光芒，室内暴露在阳光下，能很好地杀菌消毒。

1.8.2 明确户型格局

从户型图中就能了解到房间布局结构，这能方便购房者初步了解户型格局、规划装修方案与生活方式。

1.8.3 户型布局是否合理

布局合理的户型能够提升居住者的幸福感，生活也会比较便利；布局不合理的户型，一旦入住就会发现存在各种问题，会对生活有一定影响。

例如，有的户型将卫生间的开门方向直接对着客厅、餐厅，购房者看户型图的时候不以为然，但在实际生活中，卫生间的异味容易进入其他空间，造成一定困扰。

1.8.4　了解户型符号

户型平面图上的符号形式多样，购房者应当深入了解这些符号，保证能完全读懂图纸（表 1-1、图 1-27）。

表 1-1　户型符号一览

类别	户型符号	备注	类别	户型符号	备注
大门		用扇形表示，扇形在里表示门往里开，反之相反	空调	AC	矩形框内绘制有 AC 字样，矩形框内有交叉线
窗户		用四线连接的方式来表现	赠送面积		用或明或暗的阴影、彩色表示
落地窗		表现方式和窗户类似，但面积比窗户大	油烟管道		出现在厨房或卫生间角落
飘窗		用凸出的矩形来表示	电梯		用两格有交叉线的正方形表示
承重墙		用黑色填充墙体表示，承重墙不可拆除	指北针	N	可判断户型的朝向
活墙		用白色填充墙体表示，仅用于分隔空间，可拆除	总平面		可判断户型的具体方位

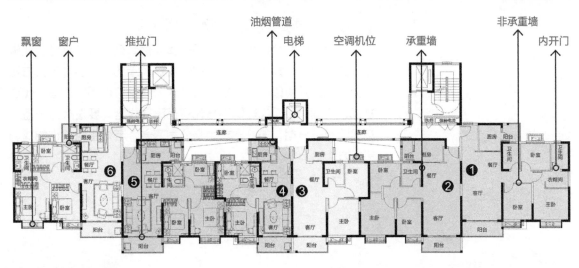

图 1-27 住宅整体平面图

1.9 避免落入不法中介的"陷阱"

与中介合作时需提高警惕，避免落入不法中介的"陷阱"，可从以下五个方面着手。

1.9.1 查询房地产登记信息

购房者在支付定金前，应全面了解该房产的权属状况，购房者可凭本人身份证明，到房屋所在地房地产交易中心，根据房地产权证号查询相关信息，如房屋是否存在抵押、限制出售等信息。

1.9.2 交易合同网上备案

签署购房合同后，合同主体双方需在网上备案，分别设置不同的合同密码，这能防止合同中一方当事人擅自修改合同信息，减少不必要的合同纠纷。同时能够有效防止权属状况问题，从而限制房屋交易，这也是防止"一房多卖"的有效手段。

1.9.3 签订资金监管协议

买卖双方需签订资金监管的协议，当交易进程满足约定付款条件时，由指定的资金监管机构将房款支付到卖方指定的银行账户中，这保障了交易资金的安全。

1.9.4 房地产权证加密

凡房地产权利人为自然人的，均可申请房地产权证设置密码，房地产权利人可凭本人身份证、房地产权证到房屋所在地房地产交易中心办理权证加密。设置密码后，办理房地产买卖或抵押等相关房地产登记时，必须校验密码。

1.9.5　选择正规中介公司

　　正规的中介公司规模大、服务质量优，公司内应悬挂营业执照，选择中介公司时，仔细识别营业执照上的企业名称是否与招牌上一致，并复印一张备案。与中介公司签订合同，应写明代理方式、代理报酬、代理期限与代理权限等内容，要注意是否盖章及写清有关日期，最好要求中介公司签名，若发生纠纷也能找到责任方。

第2章

住宅商品房类型

识读难度： ★★☆☆☆

重点概念： 板楼、塔楼、类型、外观、高层

章节导读： 在购房之前，购房者需要对房屋类型具有一定认知。有些购房者由于对所购房产的认知不清晰，稀里糊涂就买了，导致后期问题频发。本章将全面讲述如何选购适合自己的房子，让购房的过程既简单又轻松。

2.1 房产性质

我国现有的房产类型主要分为商品房、廉租房、公有房三种，主要根据产权性质来区分，房价是根据房产性质来确定的，购房前要了解所购房屋的类型。

2.1.1 商品房

我国商品房兴起于 20 世纪 80 年代，是具有合格经营资质的房地产开发商在市场经济发展的环境下，通过出让的方式获取土地使用权，然后在该土地上建设并出售房屋，并均按市场价出售。房地产开发经营企业向政府机关单位租用土地使用权，房屋的使用期限为四十年、五十年、七十年不等。商品房因其产权的不同又被称为"大产权房"，主要包括住宅用房、商业用房、工业用房等（图 2-1）。

影响商品房价格的因素较多，主要包括成本、税金、地段、楼层、朝向、质量、材料差价、利润、代收费用等，这类房屋根据法律可在市场上自由交易。

图 2-1 商品房住房
→这类住房包括普通商品房住房（140m² 以下）和非普通商品房住房。交税时，契税税率为 4%，首套购房并且面积在 90m² 以下的住宅享有 1% 优惠政策，二套购房按 4% 全额征收契税。

住宅在开发期间会产生一系列的费用，包括管理费用、财务费用、销售费用等，住宅开发期间费用应按受益项目进行合理分摊。

1. 管理费用

管理费用指开发经营企业的行政管理部门为管理和组织必要的经营活动而产生的各项费用。

2. 财务费用

财务费用指开发经营企业在开发经营过程中为筹集开发资金

而产生的各项费用，包括企业经营期间产生的调剂外汇手续费、利息净支出、汇兑净损失及金融机构手续费等。

3. 销售费用

销售费用指开发经营企业为合理销售房屋而产生的各项费用。

2.1.2 廉租房

廉租房是指政府以实物配租或租金补贴的方式，向符合城镇居民最低生活保障标准且住房困难的家庭提供的保障住房。廉租房的分配形式主要以租金补贴为主，以实物配租和租金减免为辅，并可以根据实际情况实行多种配租方式。

廉租房旨在解决城市特困人口的住房问题，也促进了城市健康发展。我国的廉租房只租不售，主要出租给城镇居民中的最低收入者，用以保障居民的最低生活标准。廉租房的房源主要包括旧公房、空置楼盘、改造危房等，这类住宅有一定的社会公共福利性质（图2-2）。

图2-2　廉租房
←廉租房有两种表现形式：一是由政府出资建好后，以低租金的形式出租给住房困难户；二是由政府发放一定数额的租金补贴给住房困难户，然后由住房困难户自己租赁社会住房。

★补充要点★

廉租房与经济适用房的区别

1. 在房源上，经济适用房的房源大多为新建住房；而廉租房的房源更多样化。

2. 在目标对象上，廉租房只租不售；经济适用房可出售。

3. 在经营方式上，廉租房面向城市特困人口出租，只收取象征性的房租；经济适用房通过土地、限制利润等手段降低建筑成本，以低于市场的价格将房屋出售给购买不起商品房的城市居民。

2.1.3 公有房

公有房即国有住宅，由国有企业、事业单位投资建设并销售。一般在公有房还没有售出前，住宅的使用权、占有权、收益权及处分权等均归国家所有。公有房分为两大类，一类是可出售型公有房，另一类是不可出售型公有房。这两类公有房均为使用权房（图2-3）。

图2-3 公有房

→公有房只提供给个人承租房的权利，不提供给个人所有权，且公有房使用者只有在法律允许的范围内，才享有对公有房占有、使用、收益及有限制处分的权利。

1. 公有房类型

（1）直管公有房。由政府接管，并由国家出租、收购、新建及扩建，主要由政府房地产管理部门直接管理、出租和修缮，少部分会免租金给单位使用。

（2）单位自管公有房。主要供全民所有制和集体所有制等单位使用。

（3）单位员工专用房。主要用于分配或出租给单位员工居住，产权人为行政事业单位。一般直管公有房和单位自管公有房能上市交易。

2. 公有房租金减免政策

（1）公有房标准月租金支出高于上一年家庭月平均收入9%的部分，可以申请减免，但住房建筑面积超过面积控制标准的，超标增收的租金不予以减免。

（2）在参考户口所在地的情况下，享受离休待遇的干部或已故离休干部配偶的住房在提租后，新增租金全部减免。

（3）烈属、因公殉职的军人家属，特等、一等伤残军人或特等、一等伤残军人配偶的住房，在上一年实际支付租金的基础上，增租部分全部减免。

（4）由民政部门确认的家庭人均收入低于城市居民最低生活保障标准的，在上一年实际支付租金的基础上，增租部分全部减免。

以上三种房屋的对比见表2-1。

表 2-1 商品房、廉租房、公有房对比一览表

类别	商品房	廉租房	公有房
性质不同	可用于出售	专用于解决符合城镇居民最低生活保障标准且住房困难的家庭的基本居住问题而提供的政策性住房	由政府政策支持，限定户型面积、供应对象和租金标准的公共租赁住房
租赁期限不同	—	廉租房租赁总年限没有明确标准	公有房租赁总年限不超过五年
表现形式不同	在满足法律、法规的条件下自由交易	一是由政府出资建设，低租金出租；二是由政府发放租金补贴，由住房困难户自由租赁房屋	公有房一般是政府出资建房，并以适当的价格出租给租户
缴纳租金不同	—	廉租房月租金标准约为 0.8 ~ 1.2 元 /m^2	不高于同地段、同品质房屋租金的 60%，租金缴纳金额需依据本地政策执行

★补充要点★

经济适用房

经济适用房是根据国家经济适用住房建设计划，合理安排建设的住宅。一般是由国家统一下达计划，行政划拨土地类型，免收土地出让金，并对各种已经批准的收费实行减半征收，出售价格实行政府指导价，按"保本微利"的原则确定。

经济适用住房源自 1985 年，当时国家科学技术委员会发表蓝皮书《城乡住宅建设技术政策要点》中曾提及，依据我国国情，至 2000 年要争取基本上实现城镇居民每户有一套经济实惠的住宅。

此外，与商品房相比较，经济适用房具有三个比较明显的特征，即经济性、保障性和实用性。经济适用房是具有一定社会保障性质的商品住宅。房屋的产权包括使用权、占有权、处置权和收益权，商品房上市出售后，收益全部归个人所有。

2.2 塔楼与板楼

塔楼与板楼都指的是建筑结构，两者在住宅的平面布局和构成上有明显的区别，建筑设计方与开发商会根据建设环境与经济因素来确定不同的建筑结构。

2.2.1 塔楼

塔楼一般指高层建筑物，同时也是对不同建筑结构的建筑物的别称。建筑物的平面图可以帮助人们理解塔楼和板楼的含义，塔楼的外观类似塔，且平面的长度和宽度基本相同，塔楼的同层住户在四户以上（图 2-4），但是塔楼也有明显弊端。

（1）宜居性比较差，部分户型通风比较差，采光也会比较暗，景观效果不佳。

（2）利用率不高，塔楼户型的利用率普遍低于板楼，且多个空间内部没有直接的采光和通风。

a）塔楼平面图

图 2-4 塔楼

↑从平面图可以看出，塔楼一般是由四户以上共同围绕或环绕一组公共竖向交通形成的楼房平面，这种楼房的层数为12层～35层，超过35层则为超高层，塔楼一般是一梯四户～一梯十二户。

→塔楼住宅房价较低，空间结构也比较灵活，且易于改造，抗震性也比较好，视野开阔；一般采用大框架结构建设而成的塔楼可通过改装户内分隔墙的形式来改变户型的内部格局，这样居住行动更灵活。

b）塔楼外观效果图

2.2.2 板楼

板楼是对采用某种建筑结构的构筑物的称呼。与塔楼相比，在板楼的平面图上，建筑结构的构筑物的长度明显大于宽度（图2-5）。

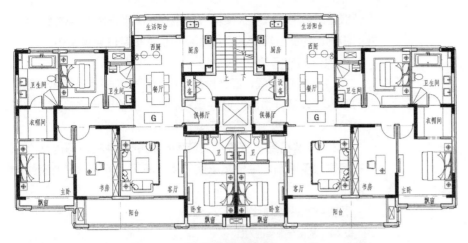

a）板楼平面图

b）板楼外观效果图

图2-5 板楼

↑从平面图可以看出，板楼是由2户组合为横向布局的楼房，这种楼房的高度有6层～12层，一般是一梯一户～两梯四户。

←板楼住宅房价较高，南北通透开阔，现在板楼住宅多称为洋房。前厅、主卧等有充足的采光面，东西朝向时，前后居室则各有半天的采光面。在房型的组织上，有利于风的直线流动。

1. 板楼的优势

（1）南北通透。板楼多是正南正北朝向，进深多为15m，具有南北通透的室内格局，这种格局也有利于室内采光与通风。此外，由于板楼户型方正，各个空间的尺度适宜，面宽充裕，因而更好进行设计，居住环境质量也会比较高。

（2）均好性强。一梯两户的板楼设计具有良好的居住体验，整栋板楼中各套户型的优劣点基本相似，都存在朝北的户型难以设计的状况，且由于住户不多，居住环境也会比较清静。

（3）利用率高。板楼户型的利用率高达90%以上，塔楼户型的利用率仅有75%，造成这种差异的原因是塔楼内的电梯井、候梯厅、配电房等都会作为公摊存在，这使得塔楼的利用率有所降低。

（4）管理成本低。板楼的管理成本较低，而塔楼的管理成本较板楼高，现代六层板楼都设置电梯，不需设置变频供水系统，外墙粉刷在内的日常维护费用也可不纳入板楼的管理费用中。

2. 板楼的劣势

（1）建筑密度低，但房价高。板楼形式的住宅密度比较低，容积率也比较低，虽然舒适性比较高，但房价也会比较高，位于交通便利、城区中心位置的板楼价格会更高。

（2）户型格局不宜改造。砖混结构的板楼其户型内部大部分的墙体为承重墙，主要起承重作用，不可以拆除，可改造性比较差。

塔楼与板楼的对比见表 2-2。

表 2-2　塔楼与板楼的对比

类别	塔楼	板楼
户型对比	框架结构，一般长宽基本相等，承重墙少，户型分割灵活多变	户型方正，一般东西长、南北短，户型格局不宜改造
采光通风效果	容易出现无采光的暗厨、暗卫	南北通透，采光通风效果好、日照充足
利用率	利用率低	利用率较塔楼高
建筑密度	建筑密度较高，居住人口密度高，环境喧闹，房价低	建筑密度低，居住人口密度小，较为安静，房价高
管理成本	需要管理电梯井、候梯厅、配电房等公共设施，管理成本高	管理成本低，人口密度小，设施设备利用率较低

塔楼与板楼并没有绝对的优势与劣势之分，购房者在选择塔楼与板楼时，需要根据实际需求来选择。

实际上，规划合理、设计完善的塔楼，在户型、功能分区、通风及采光效果上一样能够达到板楼的效果。而市面上的一些高层板楼设计，无论是容积率、均好性，还是建筑密度、房屋进深等都存在着诸多问题。例如，高层板楼的进深相对低层来说，必然会增加，有的进深能够达到 16m，这就导致了室内采光不足，光线较差。同时，高进深与大户型相关联，也意味着高房价，市面上具有总价低、首付少等优势的小户型则更受购房者欢迎。

此外，大多数板楼是东西朝向设计，这种布局形式达不到板楼应有的效果，也因此，越来越多的房地产开发商意识到高层板楼的劣势，转而开发小高层或多层板楼，化劣势为优势，以求设计出更合理的住宅形式。开发商也开始意识到塔楼的弊病，开始将一层 10 ～ 12 户的设计调整为一层 4 ～ 6 户的设计，这种设计使塔楼的优势得以体现，并有效改变了塔楼在房地产市场上的尴尬局面。

2.3 按楼层区分住宅类型

按照住宅的楼层可将住宅分为低层住宅、中高层住宅、高层住宅、超高层住宅这五大类型。

2.3.1 低层住宅

低层住宅为 1～6 层的居住空间，上下楼联系方便，邻里关系较亲密，主要存在于城市的老城区、郊区或小城镇，低层住宅还可分为洋房与别墅（图2-6、图2-7），低层住宅的优缺点见表2-3。

图 2-6 洋房

↑洋房又称为底层集合住宅，是集中建造的高标准联排组合低层住宅。一般是一梯两户，基本上每户都能实现南北自然通风，每间居室的采光条件也比较好，如果设计为一梯三户或超过一梯三户，则必有一户或多户南北通风不好。

图 2-7 别墅

↑别墅可分为城市型和郊野型，是住宅以外供游玩、休养的园林式住宅。

表 2-3 低层住宅的优缺点

优点	缺点
住户更容易接近自然，环境优美	建筑密度低、不利于节约土地
回归、归属感较强	楼层低，视野不够开阔
整体环境舒适，自然环境协调性较好	增加了公用设施建设量，但利用率不高
有利于地基处理与结构设计	顶层、底层比例大，处理费用所占比例高

2.3.2 中高层住宅

7～12 层为中高层住宅，也称小高层住宅，这类住宅处于多层或高层之间，且设置有电梯，不仅可以提高居住舒适性，还可增加住宅的交通面积，造价比较高。

中高层住宅拥有比较好的舒适性，能很好地减轻高层住宅给人的压迫感，从造价与施工技术上来看，中高层住宅也比多层住宅的要求更高（图2-8）。

图 2-8 中高层住宅
→中高层住宅的占地面积较小，利用率高于多层住宅，且在高容积率的条件下，能够打造比较宜人的居住环境，是我国中等城市的主流住宅建筑形式。

2.3.3 高层住宅

层数为 10 层及以上的为高层住宅，根据外部体形的不同可将高层住宅分为塔式、板式和墙式三类，依据内部空间组合的不同可将高层住宅分为单元式和走廊式两类。

高层住宅不仅可以节约土地，还可以增加住宅数量和居住人口。例如，同样的地基建 8 层住宅与建 16 层住宅，高层住宅的土地利用率、住宅数量和居住人口可以提高一倍。此外，由于在我国建筑密度和人口密度都较高的地区，拆迁费用相应会比较高，动员人口外迁的工作难度也很大，因此建设高层住宅能够很好地处理此类矛盾。

高层住宅会预留较多的疏散口和楼梯，而这会导致盗窃事件频发，且由于高层住宅需要依靠电梯上下楼，如果停电或电梯设备出现问题，则会影响居住者出行，严重还会导致居住者被困电梯，威胁到人身安全（图 2-9）。

2.3.4 超高层住宅

层数为 40 层及以上或建筑高度超过 100m 的住宅为高层住宅，虽然楼地面价格最低，但房价却不低。随着建筑高度的不断增加，住宅设计的方法理念和施工工艺有很大的变化，需要考虑的因素也更多，如电梯数量、绿化面积、交通设施、消防设施、其他必需设施等。超高层住宅的公摊面积较大，通常会超过住宅建筑面积的 35%，这对购房者的实际居住体验感影响很大，在房价较高的地区，普通住宅区的超高层住宅性价比并不高。

此外，超高层住宅高度突出，对外墙面的装修档次要求比较高，因此超高层住宅的建设成本也会比较高。如果将超高层住宅建设在市中心或景观较好的区域，虽然居住者可欣赏到美景，但对整个地区的规划来说却不协调，所以目前许多国家并不提倡多建这类住宅（图 2-10）。

图 2-9　高层住宅

↑高层住宅的占地面积小，利用率高，高层的采光与视野更好，是我国大中城市的主流住宅建筑形式。

图 2-10　超高层住宅

↑超高层住宅多出现在省会城市的核心地段，建筑成本、管理成本及施工技艺都相对较高，需要付出的成本和时间也会比较多。选择超高层住宅应注意防火防盗，一旦发生火灾很难扑救，损失也会很惨重。

2.4　走廊式住宅类型

　　走廊式住宅指沿着公共走廊布置住户的住宅，这类住宅每层住户较多，楼梯或电梯的利用率比较高，邻里之间联系方便，但私密性较差。走廊式住宅主要分为外廊式住宅和内廊式住宅，前者通风、采光、朝向较差，后者相对较好。

2.4.1　外廊式住宅

　　外廊式住宅指由公共楼梯或电梯通过外廊进入各套住宅的住宅。这类住宅在房间的一侧设有公共走廊，走廊一端通向楼梯和电梯，多出现在多层或高层板式住宅、联排式低层住宅以及具有"Y"字形、"工"字形的点式住宅中。此外，外廊式住宅由水平的长外廊可直接进入分户门，每幢或每套住宅的公共走廊有一个出入口，每户均可获得较好的采光和通风（图 2-11）。

1. 按外廊的长短划分

　　（1）长外廊式住宅。优点是分户明确，一梯可供多户使用，每户住宅的朝向、采光和通风都比较好。这种类型的住宅能保证每户拥有比较好的生活环境。缺点是每户入门前需经过公共走廊，对居住者有一定的干扰，且长外廊住宅在寒冷地区保温性和防寒性比较差，因此多在南方地区使用。

（2）短外廊式住宅。也称外廊单元式住宅，一般一梯可供三至五户使用，且廊间户数较少，外廊长度较短。这种类型的住宅对每户的干扰较小，与长外廊式住宅相比会更具有优势。

2. 按外廊的朝向划分

外廊式住宅按廊所在的朝向不同可分为南廊和北廊两种。

（1）南廊适宜在南方使用，在我国北方寒冷和严寒区域使用会不易保温和防寒。南廊采光与日照有限，尤其在冬季，外廊的体验感会变得更差。

（2）北廊使用较多，可用于布置辅助房间或小居室，也能减少对主居室的干扰。北廊与小卧室结合设计，不仅可减少对室内的干扰，也可保护隐私。

图 2-11 外廊式住宅
→作为公共交通走道，外廊所占面积较大，造价较高，由于每户的门都对着公共走廊，住户入门需从外廊经过，对左邻右舍的干扰较大。

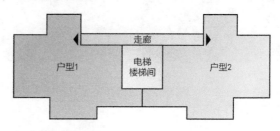

2.4.2 内廊式住宅

内廊式住宅指中间有一条公共走廊的住宅，入户门通常布置在走廊两侧，这种居住形式多出现在多层与高层住宅中（图 2-12）。

图 2-12 内廊式住宅
→内廊式住宅楼栋适合东西向布置，且短内廊式住宅可克服长内廊式住宅的缺点，居住的体验感也能有所提升。

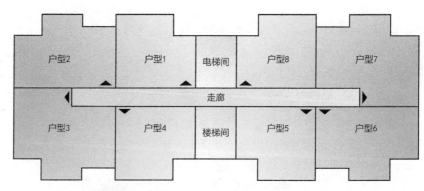

1. 优点

内廊式住宅有长内廊住宅与短内廊住宅之分，可根据户型数量设置电梯或楼梯，一般布置于内廊的中部或两端。内廊式住宅交通面积少，房屋的栋深大，能有效节地和节能。住宅外墙完整，结构布局规整简明，抗震性能较好，一梯可供多户使用，且住宅的建设成本较低，销售价格相对比较便宜。

2. 缺点

（1）内廊式住宅进深过大，单朝向户型过多，邻里间干扰较大，且楼（电）梯服务的户数过多，不便于人流疏散，一旦发生火灾、地震等不可抗力事件，后果不堪设想。

（2）每户只有一个朝向，采光与通风效果差，走廊内没有自然光照明，需电力照明，电力资源浪费较多。

2.4.3 跃廊式住宅

跃廊式住宅指中间有一条公共走廊的住宅，入户门通常布置在走廊两侧，这种居住形式多出现在多层与高层住宅中（图2-13）。

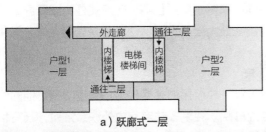
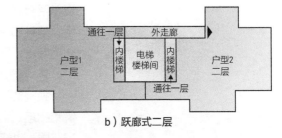

a）跃廊式一层   b）跃廊式二层

图 2-13 跃廊式住宅

↑跃廊式住宅由内廊或外廊进入各户分户门，然后每户再由户内梯进入另一层，一般每户占有上、下两层以上的空间。建设成本较低，销售价格相对比较便宜。

1. 优点

（1）跃廊式住宅内部有小楼梯，联系上下层，能有效节省公共交通面积。

（2）跃廊式住宅对每户的干扰较少，且增加了户型中的采光和通风，适用于大、中套型以及高层住宅中使用。

2. 缺点

（1）跃廊式住宅的室内采用独立内楼梯联系各层，内楼梯需要额外建造，增加了建造成本。

（2）跃廊式住宅中每个单元的户型入户门位置错开，每一层楼的建筑格局不同，公共设施不便统一维护管理。

2.4.4 环廊式住宅

环廊式住宅指由公共楼梯间的平台直接入户的住宅类型，一般每梯可供四至八户使用。这种类型的住宅平面布局比较紧凑，公共交通面积较少，邻里之间的干扰也比较少，但由于一层中存在多户居住，因此难以保证每户均有良好的通风和朝向，这种住宅类型的电梯服务的户数会受到限制（图2-14）。

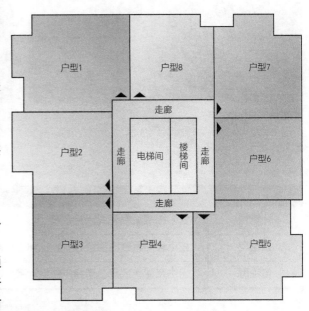

图 2-14 环廊式住宅

↑环廊式住宅中各住户由公共楼梯进入到室内，这种形式可以最大程度减小公共使用面积，并增大室内使用面积。

2.5 按住宅外观区分住宅类型

本节将通过住宅的外观来快速区分住宅的类型，帮助购房者快速理解住宅的分类。

2.5.1 混合式住宅与独院式住宅

1. 混合式住宅

混合式住宅指在一幢住宅建筑或住宅建筑群体中，存在多种住宅类型混合的住宅形式。例如，我国的高层、多层或低层住宅通常混合布局，并混合采用走廊式住宅、环廊式住宅或跃廊式住宅，这种布局方式能在最大程度上确保住户的采光与通风，优化住宅环境（图 2-15）。

2. 独院式住宅

独院式住宅指仅供一户使用的单幢住宅，周围没有其他的建筑物相连，且有独立庭院。独院式住宅室内外联系方便，既有私家花园，也能满足儿童嬉戏、洗涤晾晒及存放杂物等需要。此外，独院式住宅朝向较好，采光与通风也不受限制，但由于建筑密度低、投资高，因此房价较高（图 2-16）。独院式住宅分类见表 2-4。

图 2-15 混合式住宅
↑混合式住宅比较常见，各种住宅类型混搭，能合理规划土地资源。

图 2-16 独院式住宅
↑独院式住宅拥有良好的景观与居住氛围，不受左右邻居干扰，隐私性较好，且无须与他人共用公共空间，但房价较高。

表 2-4 独院式住宅分类

类别	特征
环绕型	住宅围绕着庭院或天井布置
紧密型	住宅房间紧密地组合在一起，利于采暖，常出现于寒冷地区
自由型	自由布置，现代小型独户住宅常采用这种布置方式

2.5.2 单元式住宅与单元式高层住宅

1. 单元式住宅

单元式住宅指多层、高层楼房中的一种住宅建筑形式，每层楼面只有一个楼梯，住户由楼梯平台可直接入户，一般多层住宅每个楼梯可供两至四户使用，且每个楼梯的控制面积又可称为一个居住单元（图 2-17）。

目前，单元式住宅在我国运用最为广泛，主要具有以下几个优点：

（1）户内生活设施完善，住户之间干扰少，能适应多种气候条件。

（2）这种住宅形式造价经济合理，且保留了部分公共使用面积，如楼梯、走道等公共空间，能便于人际交往。

（3）每层以楼梯为中心，住户少，各户自成一体，居住环境舒适。

2. 单元式高层住宅

单元式高层住宅指由多个住宅单元组合而成，且每单元均设有楼梯、电梯的高层住宅。单元式高层住宅作为单元式住宅的升级版，层数更高，服务质量更好，且有电梯，上下楼会更方便（图 2-18）。

图 2-17 单元式住宅
↑单元式住宅中各户围绕着楼梯分布，公摊面积比较小。

图 2-18 单元式高层住宅
↑单元式高层住宅类型朝向、通风好，但由于楼层高，楼间距较窄时会影响后面楼的采光。

★补充要点★

单元式高层住宅与塔式高层住宅的区别

单元式高层住宅拥有多个单元，且每个单元均设置有楼梯和电梯，楼层也比较高，各项设施比较齐全。塔式高层住宅没有独立的单元，是以共用楼梯、电梯为核心布置多套住宅的一种高层住宅。

2.5.3 独立单元式住宅

独立单元式住宅也称点式住宅，是由多户围绕一个楼梯布置的独立建造的单元式住宅。独立单元式住宅四面临空，可开窗的外墙较多，采光、通风较好，平面布置也较灵活（图 2-19）。

图 2-19 独立单元式住宅
→该独立单元式住宅的中部为楼梯间，两户则分别围绕着楼梯，室内的通风和采光效果较好；该住宅外形处理的自由度也较大，能很好地与周边的环境相协调，每幢建筑的占地面积也较少，土地的利用率较高。

2.5.4 并联式住宅与联排式住宅

1. 并联式住宅

并联式住宅由两户住宅并靠拼联组成，两户共用中间的一堵墙，且每户三面临空，属于独用庭院。此外，二、三层并联式住宅的每个单元楼上楼下均归一户使用，但也有楼上楼下分户居住的情况，前后小院可分户专用（图 2-20）。

2. 联排式住宅

联排式住宅由多个独户居住的单元拼联组成，每户在房前房后均有专用的院子，可嬉戏或种植花草，室内的日照及通风条件都较好。此外，联排式住宅的组合方式变化很多，可拼联成排，还可拼联成团（图 2-21）。

图 2-20 并联式住宅
↑两户相连的住宅户型设计，拥有三面单独采光与通风，格局较好。

图 2-21 联排式住宅
↑三户以上的住宅设计，只有边户拥有三面采光，中间户有两面采光。

2.5.5 复式住宅

复式住宅在建造上虽然仍保留每户占有上、下两层，但实际是在层高较高的一层楼中增建内空高度小于 1.8m 的夹层，这两层合计的层高要低于跃层式住宅，一般跃层式住宅层高为 5.6m。

复式住宅具备了省地、省工、省料又实用的特点，适用于三代、四代同堂的大家庭居住，既满足了隔代人的相对独立，又能彼此相互照应（图 2-22）。

图 2-22　复式住宅
←复式住宅的下层一般具有起居、进餐、洗浴等功能，上层则供休息、睡眠用，户内设置有多处墙式壁柜和楼梯；通常一层的厨房高 2m，上层则高 1.2m，上层可直接作为卧室床面，但需注意人可坐起但无法直立。

1. 经济型复式住宅

经济型复式住宅是将普通住宅分楼上楼下两层使用，入户不通过客厅便可进出楼上卧室以及楼下休息和活动空间，不仅私密性比较强，空间利用率也较高，且在兼具人性化的前提条件下，能最大限度地降低开发成本（图 2-23）。

2. 小户型复式住宅

小户型复式住宅面积为 200m² 左右，且售价高于同一楼盘普通住宅的价格，不符合普通消费者的经济水平。此外，小户型复式住宅与传统的复式住宅有所不同，这类住宅在建筑面积上大幅度降低，但户型结构没有太大变化（图 2-24）。

3. 半复式住宅

购房者购买半复式住宅后，可进行精装修，购房者可自己搭建一层，将空间隔开，然后再根据需要建造一层作为卧室、储藏间等。此外，购房者可动手将户型格局改变，取得复式住宅的效果，这样住宅总价不变，使用空间却能扩大（图 2-25）。

图 2-23 经济型复式住宅
↑室内空间高度为 5.6m，能正常分隔为两层，局部空间可以根据需要上下镂空，是比较常见的复式住宅。

图 2-24 小户型复式住宅
↑室内空间高度小于 5.4m，整体面积小于 90m²，通常在局部空间制作架空层，用作储藏间或卧室。

图 2-25 半复式住宅
↑室内空间高度小于 4.8m，仅在局部空间制作架空层，顶部存在比较明显的横梁，在装修设计时要注意回避。

2.5.6 错层式住宅与跃层式住宅

1. 错层式住宅

错层式住宅指一套住宅不处于同一平面，室内的各个空间（包括厨卫、客餐厅、卧室、书房及阳台等）都处于几个高度不同的平面的住宅（图 2-26）。

（1）优点

1）错层式住宅在居住功能上较为合理，且不同的层面能形成不同的功能区，例如，进门通过玄关后，可划分为客厅与餐厅，二层或三层可分为卧室和书房。

2）灵活运用空间，无须设置走廊或楼梯间便能打通各个楼层。动静分区与干湿分离设计使得公共空间与隐私空间合理区分，且各个空间相互独立。

3）室内行走方便，设计台阶一般为 3～5 步，踏步自由且短，错层式设计也能使住宅更具有层次感。

4）具有个性。地面存在高低差，空间具有一定的连贯性，这种类型的设计能充分利用原本就不大的空间容量，如果在楼宅的上方或下斜方建出错层，视线会更丰富。

（2）缺点

1）错层式住宅的各平面有高差，不适合行动困难的老年人和残疾人居住。

2）错层式住宅的总建筑面积较大，抗震性较高，但总销售价格过高。

2. 跃层式住宅

跃层式住宅指占有上、下两层楼面，卧室、起居室、客厅、卫生间、厨房及其他辅助用房分层布置，上、下两层之间采用独立楼梯连接，不设公共楼梯的住宅。这种类型的住宅能有效地节省空间，室内空间也比较宽敞、舒适（图 2-27）。

图 2-26 错层式住宅
↑错层式设计在视觉上会使空间更加开阔，由于楼层都是错开的，因此流通性很大，空间十分宽敞，且空间使用起来也比较灵活，个性十足。

图 2-27 跃层式住宅
↑跃层式住宅通风和采光效果较好，户内居住面积和辅助面积较大，布局紧凑，功能明确且减少邻里间相互干扰。如果跃层式住宅设置于高层建筑中，则每两层才设电梯平台，因此可有效缩小电梯公共平台面积，空间利用率也能有所提高。

在跃层式住宅中，客厅一般会采用中空设计，将楼上楼下连成一个整体，这既有利于家庭成员交流，也能形成一定的高差，从而有效塑造出空间立体感，搭配高档、豪华的灯具，还能够凸显出室内尊贵、大气的品位。

此外，跃层式住宅的上、下两层之间一般通过户内独用的小楼梯连接，虽然复式住宅也有上、下两层，但其上层实际上是在层高较高的楼层中增建的一个夹层，这两种住宅的共同点是面积较大，内部装修比较豪华，且购房资金和装修预算都很高。

跃层式住宅的分类见表 2-5。

表 2-5 跃层式住宅分类

楼层	特征
首层套型	相对于其他套型的跃层住宅，首层跃层可获得赠送的室外花园，可拥有独立的出入口
中间套型	中间跃层式住宅要考虑到上、下层住宅的空间利用和整栋住宅的交通情况
顶层套型	顶层跃层可以为顶层住宅增加吸引力，这也是有效增加楼盘住宅容积率的办法，顶层跃层式住宅不会对整栋的交通方式、空间布局产生影响，其他层的住宅依旧可按照标准层设计建造

2.5.7 花园式住宅

花园式住宅也称西式洋房、小洋楼、花园别墅，一般都带有花园草坪和车库，多为独院式平房或二至三层小楼，建筑密度很低，内部居住功能完备，户外道路、通信、购物、绿化等都有较高的标准，装修豪华，一般为高收入者购买（图2-28）。

图2-28 花园式住宅
→花园式住宅具有良好的视觉体验，不仅能远离城市喧嚣，同时室内氛围也具有自然气息和艺术气息。

花园式住宅主要有以下特点。

1. 建筑外形大气、开放

由于建筑风格的变化多以线条为中心，因此，建筑物外形的形式美要讲究线条、色彩及材料质感，建筑物的外形要和周边地理环境相协调。

2. 建筑空间环境优美

建筑能反映艺术气息，能满足人们的居住需求，并能利用新式设计手法，突出建筑与景观环境的融合，还设置有各种雕塑、绿化等户外景观，能有效丰富住宅的环境（图2-29）。

3. 建筑与环境相互协调

建筑与环境相辅相成，两者和谐、统一，能达到赏心悦目的效果。此外，自然美与人工美相结合，增加住宅的美观性（图2-30）。

图2-29 景观小品
↑利用绿植、花草、盆栽来点缀住宅庭院，能打造舒适安逸的氛围。

图2-30 休闲泳池
↑通过景观来缓解建筑的僵硬感，并通过色彩来搭配营造空间环境。

2.5.8　公寓式住宅

公寓式住宅集中了公寓与住宅的优势，在大型城市，高层建筑目前比较受欢迎。公寓式住宅标准较高，每一层内有若干单户独用的套房，包括卧室、起居室、客厅、浴室、卫生间、厨房及阳台等，可供需要日常往来的人群中短期租用（图 2-31）。

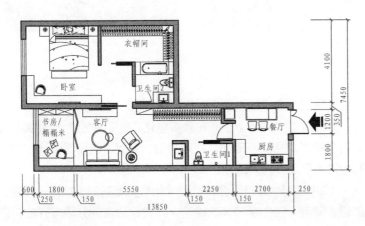

a）平面图

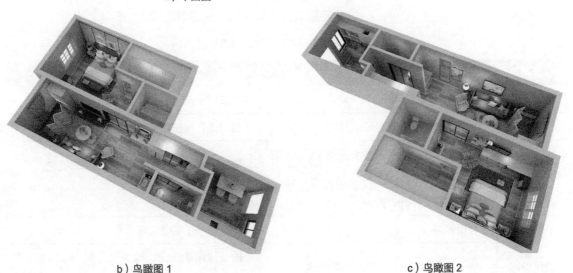

b）鸟瞰图 1　　　　　　　　　　　　c）鸟瞰图 2

图 2-31　公寓式住宅
↑公寓式住宅属于套房形式，拥有独立的休闲区、烹饪区、梳洗区及休息区，既满足了人们的生活需求，也能用于投资或自住。公寓式住宅各个空间的面积划分要合理，尺度要适宜，并要注重实用功能；室内还需形成流畅的居室动线，要尽量避免斜线动线与转角动线，避免破坏居室的完整性。

相对于独门独户的别墅，公寓式住宅更加经济适用。且由于公寓式住宅的户型面积比较小，但总价格比较低，投资回报率较高，地理位置通常较为卓越，因此特别受市场青睐（图 2-32、图 2-33）。

图 2-32　套间户型
↑套间户型能满足大多数人的日常生活需要，且交通也比较便利。

图 2-33　一室一厅户型
↑一室一厅户型适合单身人士或情侣居住，价格实惠，室内环境也很不错。

公寓式住宅设计追求个性化与适用性。

（1）个性化设计。空间布局多样化，在平面布置上自由组合，室内采取多样化隔断形式，利用夹层、跃层、错层等设计方式，有效增加了居室的灵动性。

（2）适用性设计。公寓式住宅中应具备起居、饮食、洗浴、就寝、储藏、工作学习等功能区，并进行适当的分隔与开放，还可动静分区，打造独立的个人空间。

住宅型公寓与商务型公寓的对比见表 2-6。

表 2-6　住宅型公寓与商务型公寓的对比

类别	住宅型公寓	商务型公寓
产权年限	产权七十年	产权四十年
贷款	可商业贷款，亦可公积金贷款	首付低、可按揭贷款
税费	住宅性质的公寓交契税按照 90m² 以下普通住宅的契税比例交 1%	商业投资性的公寓按照 4% 的税率征税
功能	只可居住、不允许办公	可居住可办公
价格	售价较高	售价低于住宅型公寓
使用成本	物业、水、电、煤气等按民用收费	按公建用途规定，其物业、水、电、煤气等为商业收费，较民用收费贵
舒适度	每个标准层设置的公寓间数不超过 20 间，电梯配比多为每层 1∶10	每层住户较多，为 10 ~ 20 户，中间隔以长形楼道，处于阴面的住户采光较差

第3章

购房交易全过程

识读难度：★★★☆☆

重点概念：证件齐备、预售条件、购房流程、
定金、订金、认购书

章节导读：选房一定要仔细，毕竟大多数人购房的主要目的是居住。对购房流程不够了解，往往会导致购房之路变得十分艰辛。因此，在购房之前一定要了解购房交易过程，清楚每一阶段需要准备的购房资料，并熟知购房交易流程，这样能够避免上当受骗，减少交易纠纷。

3.1 开发商"五证"齐全

在网上查询资料时，要先了解开发商是否"五证"齐全，证件不全的房子千万不能买。

3.1.1 "五证"内容

1.《国有土地使用证》

《国有土地使用证》是经土地使用者申请，具有国有土地使用权的法律凭证。该证主要注明土地使用者的名称、土地基址、土地用途、土地使用面积、土地使用年限及"四至"范围等。

2.《建筑用地规划许可证》

《建筑用地规划许可证》是建设单位申请征用土地，且判定该项目位置范围符合城市规划的一种法律凭证。

3.《建设工程规划许可证》

《建设工程规划许可证》是注明建设工程符合城市规划需求的法律凭证。

4.《建设工程开工许可证》

《建设工程开工许可证》是建设单位进行工程施工的法律凭证，同时也是房屋产权登记的主要依据之一。

5.《商品房销（预）售许可证》

《商品房销（预）售许可证》是市、县人民政府房地产管理部门允许房地产开发企业销售商品房的批准性文件。

3.1.2 官网查询"五证"

目前部分城市已经开通了查询"五证"的网站，购房者可登录当地的网站查询开发商的"五证"。

3.1.3 相关部门咨询"五证"

如果开发企业预销售商品房时不出示"五证"，则购房者可以要求其出示，开发企业有明示义务，作为消费者有知情权，消费者也可以到工商、土地管理部门查询。

3.1.4 银行询问"五证"信息

购房者在付款前，应当向银行咨询"五证"信息，银行对项目与开发商的审查会十分严格。此外，五证齐全并不意味着没有任何问题。

例如，开发商在未告知购房者的情况下，将已抵押的商品房预售，则该房子存在争议。因此，购房者要仔细核对卖方的名称与预售许可证的信息是否一致，查看购房信息是否有记载，并通过合法手段维护自身权益。

3.2 识别开发商与建筑承包商

开发商与建筑承包商是房地产建设的主体，开发商投资，要了解其品牌与管理能力，建筑承包商是地产的建设执行者，要了解其管理水平。

3.2.1 开发商

房地产开发商主要是指以房地产开发经营为主体业务的企业，开发商可通过拍卖、出让等方式取得土地使用权并对其进行整理开发，以获取相应的利润。依据《房地产开发企业资质管理规定》，可将房地产开发商分为五个等级，其中一、二、三、四级企业可从事城市房地产开发业务，五级企业则只能在本区域从事村镇房地产开发经营（图3-1）。

图3-1 《房地产开发企业资质证书》
←识别资质证书主要关注发证机关和有效期，上网查询信息是否与资质证书上的信息一致。

审查开发商的资质不仅要审核相关证件是否齐全，还要审查开发商是否具备相应的开发资格，中大城市购房一般选择一级或二级企业的房地产开发商，开发商资质等级划分见表3-1。

表3-1 开发商资质等级划分

资质类别	一级资质	二级资质	三级资质	四级资质
注册资本	不低于5000万元	不低于2000万元	不低于800万元	不低于100万元
从事年限	从事房地产开发经营五年以上	从事房地产开发经营三年以上	从事房地产开发经营两年以上	从事房地产开发经营一年以上
房屋建筑面积	近三年房屋建筑面积累计竣工30万 m^2 以上，或累计完成与此相当开发投资额	近三年房屋建筑面积累计竣工15万 m^2 以上，或累计完成与此相当开发投资额	房屋建筑面积累计竣工5万 m^2 以上，或累计完成与此相当开发投资额	

（续）

资质类别	一级资质	二级资质	三级资质	四级资质
建筑工程质量合格率	连续五年建筑工程质量合格率达100%	连续三年建筑工程质量合格率达100%	连续两年建筑工程质量合格率达100%	已竣工的建筑工程质量合格率达100%
专职人员数量	专业管理人员不少于40人，其中具有中级以上职称的管理人员不少于20人，持有资格证书的专职会计人员不少于4人	专业管理人员不少于20人，其中具有中级以上职称的管理人员不少于10人，持有资格证书的专职会计人员不少于3人	专业管理人员不少于10人，其中具有中级以上职称的管理人员不少于5人，持有资格证书的专职会计人员不少于2人	专业管理人员不少于4人，持有资格证书的专职会计人员不少于2人
员工职称	工程技术、财务、统计等业务负责人，具有相应专业中级以上职称	工程技术、财务、统计等业务负责人，具有相应专业中级以上职称	工程技术、财务等业务负责人，具有相应专业中级以上职称；统计等其他业务负责人有相应专业初级以上职称	工程技术负责人具有相应专业中级以上职称，财务负责人具有相应专业初级以上职称，配有专业统计人员
施工安全体系	具有完善的质量保证体系，商品住宅销售中实行了《住宅质量保证书》和《住宅使用说明书》制度	具有完善的质量保证体系，商品住宅销售中实行了《住宅质量保证书》和《住宅使用说明书》制度	具有完善的质量保证体系，商品住宅销售中实行了《住宅质量保证书》和《住宅使用说明书》制度	商品住宅销售中实行了《住宅质量保证书》和《住宅使用说明书》制度
质量事故	未发生过重大工程质量事故	未发生过重大工程质量事故	未发生过重大工程质量事故	未发生过重大工程质量事故

3.2.2　建筑承包商

建筑承包商是指在承包协议书中约定，具备项目施工承包主要资格的当事人，或获取该当事人资格的合法继承人。

建筑公司主要是受开发公司的委托，并依据设计单位的要求在土地上修建建筑或进行其他施工项目。此外，建筑承包商也有不同的资质，建筑承包商资质等级划分见表3-2。

表3-2　建筑承包商资质等级划分

资质类别	一级资质	二级资质	三级资质	四级资质	五级资质
流动资金/注册资本	2000万元以上	1000万元以上	500万元以上	200万元以上	30万元以上

（续）

资质类别	一级资质	二级资质	三级资质	四级资质	五级资质
人员数量	专业管理人员不得少于40人，其中具有中级以上职称的管理人员不少于20人	专业管理人员不得少于20人，其中具有中级以上职称的管理人员不少于10人	专业管理人员不得少于10人，其中具有中级以上职称的管理人员不少于5人	专业管理人员不少于5人	只限于在本区域范围内的村镇从事房地产开发
从事年限	具有五年以上从事房地产开发的经历	具有三年以上从事房地产开发的经历	具有三年以上从事房地产开发的经历	工程技术负责人具有相应专业中级以上职称，财务负责人具有相应专业初级以上职称，配有专业统计人员	其他具体标准由省、自治区、直辖市建设行政管理部门制定
房屋建筑面积	近三年累计竣工 30 万 m^2 以上的房屋建筑面积，或相当房地产开发投资	近三年累计竣工 15 万 m^2 以上的房屋建筑面积，或相当房地产开发投资	累计竣工 5 万 m^2 以上的房屋建筑面积，或累计完成相应的房地产开发投资		
建筑工程质量合格率	连续四年建筑工程质量合格率达 100%，优良率达 20%	连续三年建筑工程质量合格率达 100%，优良率达 10%	建筑工程质量合格率 100%		

开发商与建筑承包商的具体区别见表 3-3。

表 3-3　开发商与建筑承包商的具体区别

类别	开发商	建筑承包商
所属单位	建设单位	施工单位
所属产业	第三产业	第二产业
身份	投资者	建造者
负责方	甲方	乙方
职能	负责项目立项、销售	负责建房

★补充要点★

商品房升值因素

1. 交通情况。地段是影响房产价格最显著的因素，交通情况对地段的好坏有很大的影响，例如，靠近地铁、城铁等交通工具附近的房产项目一般价格较高。

2. 经济周期。当经济还有很大的向上发展空间时，房地产市场发展也会保持平稳运行，房产投资的前景也比较好。

3.3 商品房预售条件

商品房预售要达到必备条件，这是在保护消费者的权益，避免缴纳房款后，交房遥遥无期。

3.3.1 预售条件

根据《中华人民共和国城市房地产管理法》：

第四十五条 商品房预售，应当符合下列条件：

（一）已交付全部土地使用权出让金，取得土地使用权证书；

（二）持有建设工程规划许可证；

（三）按提供预售的商品房计算，投入开发建设的资金达到工程建设总投资的百分之二十五以上，并已经确定施工进度和竣工交付日期；

（四）向县级以上人民政府房产管理部门办理预售登记，取得商品房预售许可证明。

商品房预售人应当按照国家有关规定将预售合同报县级以上人民政府房产管理部门和土地管理部门登记备案。

商品房预售所得款项，必须用于有关的工程建设。

3.3.2 预售特征

1. 房屋预售具有附带期限

商品房买卖双方在合同中约定有一个既定的期限，这个期限的截止日期即为房屋买卖权利义务失效的法律依据。

2. 房屋预售具有较强的国家干预性

目前，国家加强了对商品房预售市场的管理，并对商品房预售的条件、资格做出了相关规定，要求在预售合同签订后，必须向当地房地产管理中心登记备案。

3.3.3 预售的弊端显现

在房屋预售制度下，房地产开发商可以低成本使用银行资金，并能无息占用购房者的预缴款及承包商的垫款，且不需承担房屋的存货成本，这也使得房价呈持续上升姿态。

此外，当开发商提前获取预收款，成本回笼后，便会推高房价，这也能为开发商进行下一个项目提供资金支持，这也便于创造预收款条件。同时，人们存在"买涨不买跌"的心理，且对未来房价增值抱有比较高的期望，这些都推动了房价上涨。

3.3.4 商品房预售制度

（1）预售商品房具有明显的社会化、商品化及公开销售的特征，不可将政府批准的具有社会福利性、社会保障性或社会救济性质的房屋预售给购房者；也不可将单位自筹自建的集资房预售给购房者；更不可将居民自购住宅用地所建的非社会化、商品化的房屋预售给购房者，预售的必须是作为商品房项目建设的房屋。

（2）预售商品房属于已经开工建设或处于正常施工建设状态，但未完全竣工的商品房。需注意，尚未开工且处于停滞不前状态的商品房不可预售；已经竣工交付使用的现房商品房不可预售；已经无法继续施工，处于停工状态的商品房不可预售；竣工时间不明的商品房不可预售。

（3）预售商品房必须处于正常的施工建设状态，且尚未竣工交付使用，这类商品房才可提前销售。

（4）预售商品房的预售主体应为商品房开发商，即具有法定性和特定性的商品房开发企业；而购房者则为社会群体，包括任何需要购买预售商品房的公民。

（5）商品房预售必须依照有关法律规定，尤其是必须具备政府有关部门批准的商品房预售许可证。此外，还可将有关预售商品房的资料、相关法律规定等向购房者公示，以使预售商品房具备法定公开性（图 3-2、图 3-3）。

图 3-2　预售商品房

↑预售的商品房必须是处于正在正常建设中的住宅楼，且目前尚未交付，这是预售房的特征，与现房有比较明显的区分。

图 3-3　商品房现房销售

↑与预售商品房相比较，现房最大的优势是能够直接看到实实在在的房子，能达到一手交钱一手收房的快速交易。

3.3.5　商品房预售合同

商品房预售合同是指商品房预售方和预购方双方约定，并在约定时间内，预售方将建成的商品房所有权交付给预购方，预购方向预售方交付定金或预定比例的房款，并按期接受商品房的书面协议，主要包括以下内容：

（1）买卖双方的名称、地址，须有法定代表人签名。

（2）标的，即预售商品的位置、编号。

（3）数量，预售商品房的数量、面积应以"m²"来计算，明确标注建筑面积、使用面积、赠送面积等。

（4）价款，即房屋的价金，应对其进行明码标价，还应标明总价。《中华人民共和国房地产管理法》中对商品房预售的条件和程序进行了相关规定，但对预售款征收的数额和期限却没有统一的规定，预购方和预售方应在合同中明确。

（5）根据建设部的规定，预收商品房预售款，在房屋开工建设时不得超过40%，待建房工作量完成一半时再收至60%，到房屋封顶可收至95%，到房屋交付使用时再全部收取。

（6）交付方式和期限，包括预售款的支付方式和房屋的交付方式。

（7）房屋使用性质，明确是住宅用房、办公用房、经营用房或其他用房。

（8）房屋产权转移的方式、期限；相关违约责任；双方约定的其他条款等。

★补充要点★

商品房预售合同不是分期付款买卖合同

在商品房预售合同中，预购方于多数情况下是分期支付房屋的价款，这种做法类似于分期付款买卖，但它不是分期付款买卖合同。其原因有有以下三个方面：

1. 分期付款买卖合同的标的物在合同生效后必须交付给买方，且标的物必须是现实存在的货物，这样才能实现买方的经济目的；但在商品房预售合同中，作为标的物的商品房却是尚不存在或尚在建造中。

2. 分期付款买卖合同的买方在接受标的物后，尚有二期以上的价款需要支付；但在商品房预售合同中，预购方既可以在取得房屋前一次性支付房屋的全部价款，也可以在取得房屋前分期支付价款。区别在于前者是在取得标的物前的分期付款，而后者是在取得标的物后的分期付款。

3. 分期付款买卖合同的功能在于卖方向买方融资，以满足买方资金不足的需要；而商品房预售合同是买方向卖方融资，以满足卖方资金不足的需要。

3.3.6 签约合同注意事项

1. 项目证件是否齐全

在签订合同之前，要确定该项目的证件是否齐全，并仔细核实，避免引起不必要的矛盾，这也是办理房产证的关键。

2. 合同文本是否标准

签订购房合同一定要采用房地产管理部门统一印制的标准房屋买卖合同文本，并按照合同中所列的条款逐条、逐项填写。

3. 合同双方的权利是否对等

签合同时，要注意合同中双方的权益是否对等，要警惕部分狡猾的开发商事先将合同文本填好，或将"补充协议"都已经填好。购房者必须注意，这种事先填好的合同文本大都存在着权利和义务不平等的情况。因此，购房者一旦发现这种情况，应马上提出自己的意见，不可草率行事，要保证自己的合法权益不受损害。

4. 面积差异的后续处理

应当在"面积差异处理"条款中明确面积发生误差时的处理方式，且只有在合同中对面积差异有了详尽的约定后，才能更好地避免上当。

5. 房产证的下发时间

合同中应当清楚地写明房产证下发的具体时间期限，如果不能如期履约，业主无法取得房产证，则属于开发商违约在先。业主也有权要求开发商退还已经缴纳的房款，并赔偿相关费用。

6. 相关约定

购房合同中应对付款数额、付款方式、付款期限、违约责任等做出明确的约定，尤其是对具体的交付时间做出约定，合同中应注明交房日期为"某年某月某日"前，同时应注明如若开发商不能如期交房时，需要承担的相应责任。

7. 法律保护

在签订购房合同时，最好请律师或是购房行家一同前往，从法律的角度代业主审查合同文本，以减少一些不必要的损失。

8. 警惕阴阳合同

阴阳合同就是当事人就同一事项，订立两份以上的，内容不相同的合同，一份对内，一份对外。这种合同形式属于违规行为，且会给购房者带来一定的潜在风险与危害。

3.4 认购书

认购书全称为《房屋认购协议书》，是商品房买卖双方在签署预售合同或买卖合同前所签订的文书，是对双方交易房屋有关事宜的初步确认。

《房屋认购协议书》签订后表明开发商在一定期间内，不可将房屋卖给除认购人以外的第三人；认购人则保证将在此期间内遵循协议约定的条款，与开发商就购房事项进行商谈。

3.4.1 认购书内容

（1）当事人的基本情况。

（2）商品房的基本状况。

（3）商品房的销售方式。

（4）商品房价款确定方式、总价款、付款方式、付款时间。

（5）使用条件及日期。

（6）设备标准承诺。

（7）供水、供电、供热、燃气、通讯、道路、绿化等配套基础设施和公共设施的交付承诺和有关权益、责任。

（8）公共配套建筑的产权归属。

（9）面积差异的处理方式。

（10）办理产权登记有关事宜。

（11）解决争议的方法。

（12）违约责任。

（13）双方约定的其他事项。

3.4.2　认购书性质

认购书是双方当事人对将来确立合同所达成的书面协议，是预约合同，商品房销售合同则为本约合同。

认购书属于学理上的"将行谈判的预约"，即使双方当事人在预约合同中规定了交易的实质性具体条款，但双方当事人不受其约束，他们仅承担继续谈判直至达成最后本约的义务。预约和本约合同最根本的区别在于预约合同仅能请求对方诚信谈判，并履行订立本约的义务，不可直接就本约内容请求履行。

3.4.3　商品房认购书范本

商品房认购书

编号：_____

甲方（出售人）：_____

地址：_____　电话：_____

乙方（认购人）：_____

身份证件号码/公司注册号：_____

地址：_____　电话：_____

丙方（经纪机构）：_____

地址：_____　电话：_____

乙方经过了解，有意向购买甲方开发建设的_____物业（以下简称"该物业"）。

其建筑面积为_____m²，套内建筑面积_____m²，认购价¥_____（大写：_____）。

《商品房预售许可证》号：_____。

经与甲方协商，达成以下协议：

1. 甲乙双方在签订本认购书时，乙方愿意支付￥_____（大写：_____）给甲方作为认购该物业的订金。

2. 乙方应于本认购书签订后_____日内（即____年____月____日起，至____年____月____日止）到_____签订《商品房买卖合同》。并带上如下证件和资料：

（1）本认购书。

（2）身份证明原件和复印件。

（3）_____。

（4）_____。

3. 订金退还与不退还的约定：

（1）如甲乙双方在约定的时间内签订《商品房买卖合同》，订金抵作购房价款。

（2）如甲乙双方在约定签订《商品房买卖合同》的时间内，甲方已将物业另售他人，甲方应双倍返还乙方已付订金。

（3）如乙方在约定的时间内不协商签订《商品房买卖合同》，则订金不予退还，甲方可将该物业另售他人。

（4）如甲乙双方在约定的时间内，对《商品房买卖合同》的条文未能协商一致的，甲方应将订金退还乙方，甲方可将该物业另售他人。

4. 甲乙双方如需变更本协议内容，应协商一致，并签订书面补充协议。

5. 乙方如对所购物业了解清楚，有购买意向，甲方或乙方均可要求与对方直接签订《商品房买卖合同》。

6. 甲方如委托房地产经纪机构销售的，经纪机构应作为丙方在本认购书上签章。

本认购书一式____份，具有同等法律效力。其中甲方持____份，乙方持____份，丙方持____份。

甲方（签章）：_____

乙方（签章）：_____

丙方（签章）：_____

销售代表（签名）：_____

签订日期：____年____月____日

3.4.4 签订认购书时间

在进行商品房买卖之前，房地产都会与购房者签订商品房认购书，认购书签售的目的在于对双方交易房屋有关事宜进行初步的确认，买受方往往以一定数额的定金作为协议的担保。此外，购房者必须明确商品房认购书并非正式的合同。

1. 认购书的签订时间

商品房认购书是在房屋买卖合同前所签订的，根据《最高人民法院关于审理商品房买卖合同纠纷案件适用法律若干问题的解释》第五条规定：商品房的认购、订购、预订等协议具备《商品房销售管理办法》第十六条规定的商品房买卖合同的主要内容，并且出卖人已经按照约定收受购房款的，该协议应当认定为商品房买卖合同。

一般开发商与购房者之间签订的《商品房认购书》具有一定的法律效力，其中购房者交付了购房定金，但因自身原因不能按照约定购买商品房的情况下，开发商可以不退还该定金；反之，因为开发商原因导致不能顺利购买的，则可以要求开发商返还双倍定金。

2. 认购书的效力

（1）鉴于买卖双方对交易标的物所拥有的信息不对称，开发商应当充分说明可能影响买方订立本约的相关信息。

（2）买卖双方不应强加具有不合理条件的实际谈判义务，开发商不得利用自身的优势，免除自己的责任或加重买方的责任。

（3）买卖双方应持续谈判的义务，除非出现重大僵局或终止谈判的事由，则双方当事人应恪守诚信义务，继续进行谈判。

3. 认购书与商品房买卖合同的区别

（1）认购合同与商品房买卖合同属于预约与本约的关系，二者合同内容、合同目的、权利义务、违约形态、违约责任形式等存在较大区别，但认购书具备一定条件可以认定为买卖合同，当事人义务将产生质的变化，由双方履行义务变更为出卖人交付房屋、买受人支付价款。

（2）房屋认购书不等于购房合同，认购书的目的是约定双方日后要签订购房合同，认购书是为签订正式的购房合同做准备。

（3）依据法律规定，房屋认购书与购房合同有一定的关系，在符合法律规定的情况下，房屋认购书会转化为购房合同，则认购书等同于购房合同。

（4）当商品房的认购、订购、预订等协议具备《商品房销售管理办法》第十六条规定的商品房买卖合同的主要内容，且出卖人已按照约定收受购房款时，则该协议应当认定为商品房买卖合同。

3.5 定金与订金

在购房过程中有许多"文字陷阱"，其中"定金"与"订金"最为明显且关系重大。遇到中意的房子时，购房者会缴纳一部分意向金，没想到因各种原因无法购买时，开发商却拒绝返还定金，这里的"定金"与"订金"之间存在巨大差异。

3.5.1 定金不能退

《房屋认购协议书》签订表明开发商在一定期间内，不可将房屋卖给除认购人以外的第三人；认购人则保证将在此期间内遵循协议约定的条款，与开发商就购房事项进行商谈。

1. 交定金不能用口头协议

在购房交易中，口头约定不具备法律效力，交付定金时应当作书面上的约定。

2. 注意定金条款的"陷阱"

一般买卖双方虽然订立了定金条款，但是只有认购人交付了定金后，合同才会生效，合同中应注明不履行合同的具体措施，这样才能有效防止不良开发商给购房者设下圈套，形成购房"陷阱"。

3. 将退定金写进协议书

"定金能不能退"是许多购房者关心的问题，如果不能100%保证购房交易能够顺利进行，在签订协议时，应当将"退定金"的补充条款写入协议书中，这样也能避免后期纠纷。

3.5.2 订金可以退

在房屋买卖中达成初步协议时，买卖双方进一步协商签订临时认购协议，买方支付订金便可取得在此期限内房屋的优先购买权。订金是预付款，没有法律效应，不具有担保债务履行的作用，不受法律保护。若合同正常履行，则订金成为价款的一部分；若合同未能履行，则无论是购房者违约，还是开发商违约，订金都应当原数返回。

3.6 给付定金

对于初次购房者来说，对购房的细节交易不是很精通，常常被无良销售人员牵着鼻子走。那么，购房时定金何时缴纳才合适呢？

3.6.1 定金的缴纳时间与缴纳比例

定金的缴纳比例不能违反法律的规定，根据《中华人民共和国担保法》规定，内容如下：

（1）当事人可以约定一方向对方给付定金作为债权的担保。债务人履行债务后，定金应当抵作价款或者收回。

（2）给付定金的一方不履行约定的债务的，无权要求返还定金；收受定金的一方不履行约定的债务的，应当双倍返还定金。

（3）定金应当以书面形式约定。当事人在定金合同中应当约定交付定金的期限。定金合同从实际交付定金之日起生效。

（4）定金的数额由当事人约定，但不得超过主合同标的额的20%。

按照上述规定，购房认购书中规定的购房定金的比例不应超过购房款的20%。

3.6.2 给付定金的注意事项

（1）定金条款不具有强制性，只具有指导性，购房者可依法决定是否订立定金条款。

（2）应当在定金条款中注明不履行合同的具体情况。

（3）虽然已订立了定金条款，但只有在消费者交付了定金的情况下，合同才会生效。

（4）购房者要分清定金和预付款的区别，预付款属于预先支付，不适用定金的罚则。

（5）谨防开发商设置合同"陷阱"，利用购房者缺乏相应的购房知识和经验，在某些条款上设下圈套，故意让消费者违约。

3.6.3 开发商违规收取定金

法律规定当事人约定的定金数额不超过主合同标的额的20%，超过的部分人民法院不予支持，即超过标的额的20%的部分不属于定金部分，与定金相关的法律规定对这部分钱也不具备法律效应。在交付定金后，如果任何一方违约导致合同无法履行的，买卖双方均可根据上述内容来维护自己的合法权益。

3.7 套内建筑面积与建筑面积

房屋实际有效使用面积是购房者最关心的数据，我国目前实行的建筑面积制度能有效反映房屋的综合建造成本，下文将仔细讲述套内建筑面积与建筑面积的关系。

3.7.1 套内建筑面积

套内建筑面积是室内可使用的面积，由套内房屋使用面积、套内墙体面积、套内阳台建筑面积三部分组成。从建筑内墙开始计算，套内建筑面积指的是套内房屋使用空间的面积，以水平投影面积计算。

1. 套内房屋使用面积

套内房屋使用面积是套内卧室、起居室、过厅、过道、厨房、卫生间、厕所、储藏室、壁柜等空间面积的总和。

2. 套内墙体面积

套内墙体面积指套内使用空间周围的承重墙体、其他承重支撑体以及维护等所占的面积。各套之间的分隔墙，套内公共建筑空间的分隔，以及外墙，包括山墙等共有墙体等，均需按照水平投影面积的一半计入套内墙体面积中。套内自由墙体则需按照水平投影面积的全部计入套内墙体面积中。

3. 套内阳台建筑面积

套内阳台建筑面积按照阳台外围与房屋外墙之间的水平投影面积计算，半封闭阳台按水平投影的一半计算，全封闭阳台则按水平投影的全部计算。

3.7.2 建筑面积

建筑面积是建筑物各层水平面积的总和，是在住宅建筑外墙勒脚以上，外围水平面测定的各层平面面积之和，其计算方式是"建筑物长度 × 宽度的外包尺寸 × 层数"。建筑面积包括使用面积、辅助面积和结构面积，其中辅助面积可大致分为建筑物中的楼梯、走道、管线井、设施用房等所占的面积，同时使用面积和辅助面积的总和称为"有效面积"（图 3-4）。

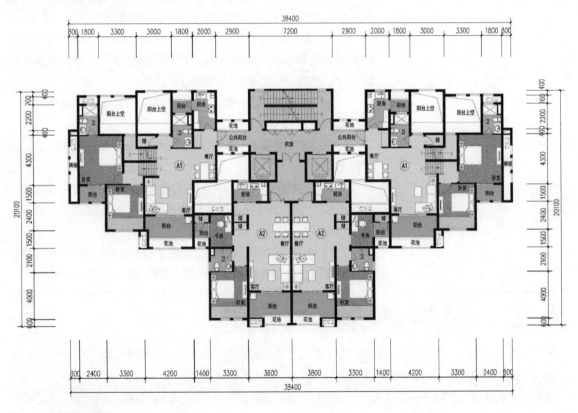

图 3-4 户型面积解析

↑该住宅建筑单元为两梯四户，其中有 A1 与 A2 两种户型。A1 户型面积较大，使用面积为 92.63m²（彩色填充），公摊面积为 24.61m²（部分空白、灰色与墙体填充），建筑面积为 117.24m²。A2 户型面积较小，使用面积为 66.77m²（彩色填充部分），公摊面积为 17.74m²（空白、灰色与墙体部分综合），建筑面积为 84.51m²。

3.7.3　得房率

得房率是套内可供住户支配、使用的建筑面积（不包括墙体、管道井等部分面积）与每户建筑面积的比率。

得房率 = 套内使用面积 ÷ 建筑面积

套内建筑面积 = 套内使用面积 + 套内墙体面积 + 阳台面积

建筑面积 = 套内建筑面积 + 公摊面积

得房率是购房的重要指标，计算房屋面积时，计算的是建筑面积，所以得房率太低，不实惠；太高，不方便。因为得房率越高，公共部分的面积就越少，住户也会感到压抑。一般得房率在80%左右比较合适，公共部分既宽敞气派，公摊建筑面积也不会太多，比较实惠。1～7层建筑得房率为93%～100%，8～18层建筑得房率为85%～92%，18～32层建筑得房率为76%～84%，32层以上建筑得房率为68%～75%。

公摊面积包括两部分：一是电梯井、楼梯间、垃圾道、变电室以及其他功能上为整栋建筑服务的公用用房和管理用房建筑面积；二是套（单元）与公用建筑空间之间的分隔墙以及外墙（包括山墙）墙体水平投影面积的一半。具体体现在以下几个方面：

（1）房型结构（几梯几户）。例如一梯多户可能与一梯两户需的公摊建筑面积相差无几，可户数增加了，总套内建筑面积增加了，则每户的公摊建筑面积就会减少。

（2）楼盘形态。一般来说高层得房率最低，中高层次之，多层则得房率较高。

（3）物业类型。一般来说板式得房率最高，叠式次之，点式则较低。

（4）公共活动区域大小。高品质的物业多建有高挑空大堂、宽敞电梯、室内车库等，这些都会占用到大量公摊面积，故得房率相对较低。

（5）车库、会所等具备独立使用功能的空间；售楼单位自营、自用的房屋；为多栋房屋服务的警卫室、管理用房、设备房等。

3.8　新房购房全流程

购房流程应当厘清前后逻辑关系，虽然开发商的销售人员会将购房流程告知购房者，但是系统的流程还需要购房者预先了解。

3.8.1　确定购买范围

核算自身经济收入状况，以此来确定自身能够承受的首付比例与按揭金额，确定所购房屋的大概价格，每月供房所用不超过月总收入的40%。然后结合收集的各种楼盘信息进行筛选、比较，确定几个备选房源。

3.8.2　看房选房

选择适合自己的楼盘、户型，并提前了解自己是否有购房资格。一般本地户口都可在本市购买首套房，外地户口则需符合一定交税与社保要求，才具有购房资格。

3.8.3　确定房源

了解开发商的实力、声誉、口碑等，再考虑地段、价格、户型及周边配套等，不可轻易相信路边或网站上的广告，一切以实际出发，做到眼见为实。

确定所购房源后，一般需要缴纳一定数额的定金，缴纳定金后，在一定时期内缴纳首付即可。缴纳定金即为拥有了开盘当日选房的资格，才能在开盘当日进行选房。

3.8.4　检查"七证"

在签订《房屋认购合同书》前，要求开发商出示"七证"，即开发商的《营业执照》《国有土地使用证》《建设用地规划许可证》《建设工程开工许可证》《商品房预售许可证》《商品房销售许可证》《银行按揭贷款协议书》。

3.8.5　签订购房合同

选择合适的房源之后，购房者需要确认签约，同时支付首付的剩余款项，购房合同是购房和维权的重要凭证。因此，在签订购房合同时，购房者要注意查看合同中有没有空白条款，防止增加选项；补充协议中的义务和权利是否对等；违约责任和赔偿是否书写清楚；交房日期与交房标准是否清晰；物管权是否被垄断等。

签订购房合同后，应由开发商到当地房地产交易中心进行登记备案。需要注意的是，在签订合同时小心开发商利用合同空白处做手脚，可聘请律师一同前往签订合同。

3.8.6　办理购房贷款

大部分购房者是通过贷款方式购房，贷款方式一般有公积金贷款和商业贷款两种，根据还款方式的不同，还款方式可分为等额本息和等额本金这两种。购房者应该根据自己的实际情况选择适合自己的贷款和还款方式。

房款付款方式有一次性付款、商业贷款、公积金贷款和分期付款等，其中商业贷款由开发商全权办理，也可自行办理，市民供房多以商业贷款为主。如果单位有公积金发放，则可考虑公积金与商业贷款相结合的形式，这种形式比单一的商业贷款利率要低。

3.8.7　保险与公证

保险是基于贷款银行的要求，购房者到保险公司缴纳保险金、提交相关材料、签字盖章，相关材料包括契税纳税申报表、房屋租赁登记备案申请表、房屋登记委托书、登记申请书。一般一次性付款不需购买保险。

公证则是去规定的公证机关提供相关材料后签字盖章，以公证买卖双方交易的合法性和公正性。

3.8.8　收房验房

收房验房时，购房者首先要确认楼盘是否符合交房条件，交房相关的资料、证件等是否齐全，还需检查房屋是否存在问题，发现问题要及时向开发商反馈，让其及时处理。

认真检查房屋质量，同时要求开发商出具"三书一证"，即《住宅质量保证书》《住宅使用说明书》《房屋竣工验收证明书》《入住许可证》。

3.8.9　办理不动产权证

准备好办证所需资料，到当地政务中心缴纳契税、登记费及房屋维修基金等税费，申领《中华人民共和国不动产权证》，商品房的交易才算完成。另外还需缴纳物业费、停车位等费用，具体以各楼盘负责的物业公司的收费标准为准。交易完成后，如果购买的是毛坯房便可开始装修，精装房则可直接拎包入住。

在房屋买卖合同上要注明最后领取房产证的时间与违约条款，以防出现入住几年房产证还不到手的情况。

3.9　二手房购房全流程

二手房购房流程指房屋所有权人通过买卖、交换或者其他合法方式将已取得《房屋所有权证》的房屋转移给他人的过程。二手房买卖又称存量房买卖，是买方通过交付房款，卖方将房屋交付给买家，并办理过户登记的过程。

3.9.1　买方咨询

买卖双方建立信息沟通渠道，买方明确房屋整体现状及产权状况，要求卖方提供合法的证件，包括《房屋所有权证》、身份证件及其他证件。

3.9.2　签合同

卖方提供房屋的合法证件，买方可以缴纳购房定金，则买卖双方签订房屋买卖合同，也称为房屋买卖契约，注意缴纳购房定金不是商品房买卖的必经程序。买卖双方通过协商，对房屋所处位置、产权状况及成交价格、房屋交付时间、房屋交付、产权办理等达成一致意见后，双方签订至少一式三份的房屋买卖合同。

3.9.3 办理过户

买卖双方共同向房地产交易管理部门提出申请，接受审查，管理部门要查验有关证件，审查产权。对符合上市条件的房屋准予办理过户手续，对无产权或部分产权未得到其他产权共有人书面同意的情况拒绝申请，禁止上市交易。

3.9.4 立契

房地产相关部门根据交易房屋的产权状况和购买对象，按交易部门事先设定的审批权限逐级申报审核批准后，交易双方才能办理立契手续。

3.9.5 办理产权转移过户手续

交易双方在房地产交易管理部门办理完产权变更登记后，将交易材料移送到发证部门，买方凭领取房屋所有权证通知单，到发证部门申领新的产权证。

3.9.6 银行贷款

对贷款的买受人来说，在与卖方签订完房屋买卖合同后，由买卖双方共同到贷款银行办理贷款手续，银行审核买方的资信，对双方欲交易的房屋进行评估，确定买方的贷款额度。确定无误后批准买方的贷款，待双方完成产权登记变更，买方领取房屋所有权证后，银行将贷款一次性发放。

3.9.7 支付余款完成交易

买方领取房屋所有权证、付清所有房款，卖方交付房屋并结清所有物业费后，双方的二手房屋买卖合同全部履行完毕。

二手房交易的流程中存在许多容易忽视的问题，一旦不注意，就会产生各种纠纷。二手房购房交易注意事项见表 3-4。

表 3-4　二手房购房交易注意事项

序号	注意要点	内容解析
1	房屋产权是否明晰	有些房屋同时有多个共有人，常见为夫妻共有、家庭共有、继承人共有等，买受人在签订房屋买卖合同时，要确定该房屋全部共有人知情并签字确认，否则该交易无效
2	土地情况是否清晰	买受人应确定土地的使用性质是划拨还是出让，划拨土地一般是无偿使用，政府可无偿收回，出让是房主已缴纳了土地出让金，买受人对房屋享有较完整的权利。此外，我国商品房的土地使用权为七十年，如果所购买的房屋使用权已过半，则不划算

（续）

序号	注意要点	内容解析
3	交易房屋是否在租	房屋买卖合同不能对抗先成立的租赁合同，有些房屋在出售转让时，还存在租赁情形，买受人在购房时还需查看该二手房是否存在租赁关系
4	房屋手续是否齐全	房产证是证明房主对房屋享有所有权的唯一凭证，原房主可能有房产证但已将其抵押或转卖，却告知没有房产证，以后补办后再过户，或者将来房产证办理后，房价上涨，房主不愿交出房产证，导致最后纠纷不断
5	福利房屋是否合法	房改房、安居工程、经济适用房属于福利性质的政策性住房，这些房屋在土地性质、房屋所有权范围上国家有一定的规定，买受人购买时要避免买卖合同与相关法律冲突
6	市政规划是否影响	有些房主出售二手房时，房屋已经到了面临拆迁的情形，或者周边在建高层住宅，采光、通风等较差，导致后期房价无上涨空间。因此，买受人应全面了解房屋信息，避免购买后入住体验差、再次售卖困难等问题
7	物业费用是否拖欠	有些房主在转让房屋时，其物业费与水电气费长期拖欠，在这种情况下，买受人在不知情的状态下购买了此房屋，则所有的费用可能均需买受人全部承担。因此，在交易前一定要检查物业费与水电气费是否结清
8	单位房屋是否存在侵权	单位房屋分为成本价职工住房与标准价职工住房，两者的土地性质为划拨，转让时需缴纳土地使用费；且由于是单位自建房，单位对标准价住房享有部分产权，但职工转让房产时，单位具有优先购买权。因此，买受人对此不知情时，可能会侵犯到该单位的合法权益
9	中介公司是否违规	买受人在购房时需要审视中介公司的资质与中介人员的从业资格，要学会识别信誉好的中介公司，在一定程度上保证买卖双方的权益，避免违规
10	合同约定是否明确	注意合约中的细节问题，如合同主体、房屋价款、交易方式、违约责任、权益保证、纠纷处理、签约时间等，应当明确记录，避免交易纠纷
11	标明付款与过户时间	卖方需要明确买方的付款时间，同时尾款的支付时间有赖于房产过户的日期，因此买方有权利知道房产的过户时间。如果逾期则依照实际情况由违约方履行房屋买卖合同中的违约责任
12	要求与房主见面	二手房市场中，"一房多卖"的违规操作时有发生，中介人员会同时带多个客户看房，且价高者得，购买者在交付定金后，应立即约见业主，防止无良中介人员破坏交易规则
13	学会使用补充协议	买卖双方在签订合同时，如遇到合同条款不明确，或需进一步约定时，可在合同的空白页增加附加条款，或在相关条款后的空白行增加附加条款，这能减少不必要的麻烦

第4章

购房费用全剖析

识读难度：★★★☆☆

重点概念：房产税、契税、借贷关系、增值税、
付款方式、还款形式、利率

章节导读：在购房的过程中会产生一系列费用，初次购房者完全不能理解为什么会有这些费用。本章从购
房者角度出发，对购房过程中所交的费用做了细致的分析，帮助购房者了解其中的费用明细。

4.1 契税与房产税

契税与房产税是购房中两笔重要的支出，是购房费用中必不可少的费用。

4.1.1 契税

契税是指不动产（如土地、房屋等）的产权发生转移变动时，就当事人所订立的契约按产价的一定比例向新业主（产权承受人）所征收的一次性税收。

契税属于财产转移税，由财产承受人缴纳。一般契税的缴税范围包括土地使用权出售、赠予和交换，房屋买卖、赠予、交换等，注意赠予房产的契税属于全额征收，即由受领人按照3%的比例缴纳。

1. 征收契税的宗旨

征收契税是为了保障不动产所有人的合法权益，一般由征收机关发放契证，这是产权合法的凭证，政府承担了保证产权的责任，这也说明契税具有规费性质。此外，契税作为重要的地方税种，在土地、房屋交易的发生地，不管何人，只要所有权属转移，都要依法纳税。

2. 纳税人是产权承受人

当产生房屋买卖、典当、赠予或交换行为时，按转移变动的价值，对产权的承受人征收一次性契税。

3. 契税减免政策

现行契税政策是指个人购买住房实行差别化税率，具体表现如下：

（1）当个人购买普通住房，且该住房为家庭唯一住房时，其建筑面积在 90m² 以下时，契税按照 1% 执行。

（2）住房建筑面积在 90 ~ 144m² 时，税率减半征收，即实际税率为 2%。

（3）购住房建筑面积在 144m² 以上时，契税税率按照 4% 征收。

（4）购买非普通住房、二套及以上住房，以及商业投资性房产，均按照 4% 的税率征税。

4. 契税时间管理

纳税人应当自纳税义务发生之日起 10 日内，主动向土地、房屋所在地的契税征收机关办理纳税申报，并在契税征收机关核定的期限内缴纳税款。

4.1.2 房产税

房产税是以房屋为征税对象，按房屋的计税余值或租金收入为计税依据，向产权所有人征收的一种财产税。现行的房产税是第二步利改税以后开征的，1986 年 9 月 15 日，国务院正式发布了《中华人民共和国房产税暂行条例》，从 1986 年 10 月 1 日开始实施。

1. 税收特征

（1）房产税的征收对象仅限于房屋。

（2）征收范围限于城镇的经营性房屋。

（3）区分房屋的使用方式，自用房按房产计税余值征收，出租房按租金收入征税。

2. 房产税征收标准

房产税征收标准存在从价计征和从租计征两种情况。

（1）从价计征，其计税依据为房产原值一次减去 10%～30%后的余值计算。计算公式为：

应纳税额＝应税房产原值 ×（1－扣除比例）× 年税率 1.2%

从价计征的具体减除幅度由省、自治区、直辖市人民政府确定，这样不仅有利于因地制宜制定计税标准，同时也有利于平衡各地的税收负担。

（2）从租计征，按照房产租金收入计征，以房产租金收入为计税依据。计算公式为：

应纳税额＝租金收入 ×12%

3. 征收范围

房产税的"课税范围"具体是指开征房产税的地区。房产税暂行条例规定："房产税在城市、县城、建制镇和工矿区征收"，其具体征税范围由各省、自治区、直辖市人民政府确定。

4. 征收对象

房产税的征税对象是房产，室内具有屋面维护结构的场所以及可供生产生活、学习工作、存储收纳的场所等均属于房产范围；独立于房屋之外的建筑，如院墙、烟囱、水塔、室外露天游泳池等，都不属于房产范围。

商品房在出售前，对房地产开发商而言是一种产品，此时不构成收税标准，不征收房产税，但是在出售前该房产已经出租、出借的商品房，应按照规定缴纳房产税。

5. 纳税地点

房产税一般在房产所在地进行缴纳，但房产不在同一地方的纳税人，应按房产的坐落地点，分别向房产所在地的税务机关缴纳房产税。

4.2 印花税

印花税是购房税费中的一种，缴纳比例为买卖双方各自缴纳房价的0.05%，房地产印花税的征税对象是特定行为，计税依据来源于该行为所承载的资金量或实物量。

房地产不动产权证的印花税的计税依据为按件计收；房屋租赁合同印花税的计税依据是租赁金额；房产购销合同的计税依据是购销金额。

4.2.1 房地产印花税缴纳税率

当房地产产权出现变化时，产权转移双方都需要缴纳0.05%的印花税；房屋租赁需缴纳1%的印花税；房产购销合同的税率则为0.03%。定额税率适用于房地产不动产权证，税率为每件5元。

4.2.2 免征收印花税的条件

（1）已缴纳印花税的凭证的副本或者抄本；财产人将财产赠给政府、社会福利单位、所立的书据。

（2）无息、贴息贷款合同；企业因改制签订的产权转移；农民合作社与本社成员签订农业产品和农业生产资料的合同。

（3）外国政府、国际金融组织向中国政府、国家金融机构提供优惠贷款时签订的合同。

（4）个人出租、承租住房，廉租住房、经济适用房购买租赁的合同。

4.2.3 暂免征收印花税的条件

在国务院、省级人民政府决定或批准下，个人买或卖住房；农林作物、牧业畜类保险；买卖证券、基金的单位；书、报、刊发行单位预订阅单位、个人之间的书立；企脱钩企业改组、改管理体制、隶属关系，国有企业改制、盘点国有企业资产等发生的国有股权无偿划转行为等都可不缴纳印花税。

4.3 土地增值税

土地增值税是对在我国境内转让国有土地使用权、地上建筑物及其附着物的单位和个人，以其转让房地产所取得的增值额为课税对象而征收的一种税。

4.3.1 土地增值税率

土地增值税是按照四级超率累进税率进行征收的，具体内容见表4-1。

表 4-1 土地增值税率

级数	计税依据	适用税率	速算扣除率
一	增值额未超过扣除项目金额 50% 的部分	30%	0%
二	增值额超过扣除项目金额 50%、未超过扣除项目金额 100% 的部分	40%	5%
三	增值额超过扣除项目金额 100%、未超过扣除项目金额 200% 的部分	50%	15%
四	增值额超过扣除项目金额 200% 的部分	60%	35%

注：1. 计算公式为：应纳税额＝增值额 × 适用税率—扣除项目金额 × 速算扣除系数。
2. 纳税人建设普通住宅出售的，增值额未超过扣除金额 20% 的，免征土地增值税。

4.3.2 征收范围

土地增值税的具体征收范围见表 4-2。

表 4-2 土地增值税征收范围

事项	征税	不征税
土地使用权出让	×	√
土地使用权转让	√	×
转让建筑物产权	√	×
继承	×	√
赠与	赠与其他人	1. 直系亲属、直接赡养义务人 2. 通过国境内非营利的社会团体、国家机关赠与教育、民政和其他社会福利、公益事业

4.3.3 增值税特性

1. 以转让房地产的增值额为计税依据

土地增值税的增值额是在征税对象的全部销售收入额的基础上，扣除与其相关的成本、费用、税金及其他项目金额后的余额，这与增值税的增值额有所不同。

2. 实行按次征收

土地增值税发生在房产转让的环节，一般实行按次征收，每一次转让行为后，需根据取得的增值额进行征税。

3. 实行超率累进税率

土地增值税的税率是以转让房地产增值率的高低为依据，并根据累进原则实行分级计税，一般增值率越高，税率越高，纳税多；增值率越低，税率越低，纳税少。

4. 征税面比较广

凡在我国境内转让房地产并取得收入的单位和个人，除税法规定免税外，都应遵循土地增值税规定，并依法缴纳增值税。

4.3.4 增值税计算方式

计算公式为：

应纳土地增值税 = ∑（每级距的土地增值额 × 适用税率）

其中增值额 = 纳税人转让房地产所取得的收入 − 规定扣除项目金额。

从公式中可知，想要计算"土地增值税"首先要已知"税率"和计算"增值额"，而想计算"增值额"就得计算"转让房地产所取得的收入"和"规定扣除项目金额"。例如，某人在 2018 年以 50 万元购买了一套房产，2021 年 12 月将以 70 万出售。

1. 不能提供购房发票的情况下

不能提供购房发票证明，又不能提供房屋及建筑物价格评估报告，则应以核定方式来缴纳，需要缴纳的土地增值税为 7000 元（700000×1%）。

2. 能够提供购房发票的情况下

如果能够提供购房发票，发票注明金额为 50 万，那么可扣除的费用为：

原值：500000 元；加计金额：500000×5%×2 = 50000 元；税金：契税为 7500 元（500000×1.5%），转让时缴纳的营业税 38500 元（700000×5.5%）、个人所得税按核定方式缴纳为 7000 元（700000×1%）、印花税 350 元。

该套房屋的增值额则为：700000 − 500000 − 50000 − 7500 − 38500 − 7000 − 350 = 96650 元。增值额未超过扣除项目金额的 50%，按照 30% 的税率计算，土地增值税为：96650×30% = 28995 元。

4.4 公共维修基金

公共维修资金是专项用于住宅共用部位、共用设施设备保修期满后大修、中修及更新、改造的资金，不得挪作他用。住宅共用部位包括住宅的基础设计、基础生活设施及共用设施设备等，其中共用设施设备包括电梯、消防设施、道路、下水管及监控系统等。

在住宅建筑实际使用中，提取公共维修基金十分困难，难以得到所有业主的同意。例如，楼房漏水，顶层业主家漏水严重，但楼下其他住户却不同意调取公共维修金；或电梯到了使用期限，需要换新，底层业主以自己不使用电梯为由，不愿动用自己缴纳的公共维修基金等。

4.4.1 可提取情况

为了应对此类情况，业主可以通过绿色通道，加急提取公共维修资金，下面五种情形下可以紧急提取公共维修金：

（1）消防系统出现功能障碍、消防管理部门要求对消防设施设备维修、更新、改造。

（2）专用排水设施因坍塌、堵塞、爆裂等造成功能障碍，危及人身财产安全。

（3）电梯故障危及人身安全。

（4）楼梯单侧外立面五分之一以上有脱落危险。

（5）高层住宅水泵损坏导致供水中断。

4.4.2 不可提取情况

以下四项费用不得使用公共维修资金支付：

（1）依法应当由建设单位或者施工单位承担的住宅共用部位、共用设施设备的维修、更新和改造费用。

（2）依法应当由相关单位承担的供水、供电、供气、供热、通信、有线电视等管线和设施设备的维修、养护费用。

（3）应当由当事人承担的因人为损坏住宅共用部位、共用设施设备所需的修复费用。

（4）根据物业服务合同约定，应当由物业服务企业承担的住宅共用部位、共用设施设备的维修和养护费用。

公共维修基金使用流程（图4-1）。

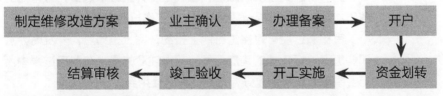

图4-1 公共维修基金使用流程

4.5 一次性付款

购房分为两种方式，一种是全款购房，即一次性付款，另一种则是贷款购房。

4.5.1 全款购房流程

1.查询购房资质

在购房前，购房者要清楚自己是否具有购房资格，这是由于限购政策，一些城市对购房资格管理严格，拥有本地户口或缴满一定年限的社保才拥有购房资格。因此，购房者一定要了解房产所在地关于购房资格的政策。

2. 明确购房需求

购房一定要明确自己的需求，如果是自住，则需要考虑生活是否便利，交通状况是否良好；投资则需要考虑周边是否有大型写字楼，交通是否便利，是否有一站式购物渠道，能否保证生活质量等；学区房则需要考虑对接学校的师资力量，是否能够就近上学等（图4-2～图4-4）。

图 4-2 自住房
↑自住房的选择应以居住环境舒适、便利为主，周边需有公园、菜市场等生活设施。

图 4-3 投资房
↑投资房以方便上下班为主，适于追求生活便利、快捷的白领人群。

图 4-4 学区房
↑学区房一般坐落于配套设施成熟的区域，生活便利，但存在居住环境嘈杂，房屋年代久等问题。

3. 选房看房

明确以上两点后，便可开始找房，可实地考察楼盘项目，多了解楼盘的真实信息。此外，对楼盘的周边环境、配套设施、后期规划等，也都应当有所了解。

4. 认购、购房资质审核、签约

购房者选到心仪房源后，缴纳定金并签订认购书，进行购房资质核验，审核结果一般会在 10 个工作日内出来。

审核通过后可直接进行网上签约，网上签约后，开发商会通知购房者签订正式的购房合同。值得注意的是，在购房过程中所有发票都需要整理收好，之后交税时会用到。

5. 验房收房

签约后便可等待收房验房，验房时要仔细核验房屋的每个细节，查看"三书一证一表"。如果开发商拿不出这些证件，可以直接拒绝收房。"三书一证一表"指：

（1）开发商承诺质量和保修的《住宅质量保证书》。

（2）房屋技术指标的《住宅使用说明书》。

（3）房屋质量验收凭证的《建筑工程质量认定书》。

（4）综合验收凭证的《房地产开发建设项目竣工综合验收合格证》。

（5）向主管部门上报备案的《竣工验收备案表》。

6. 缴纳税费

收房后，购房者携带发票、测面积补差款发票到地方税务局办理交税业务，注意购买期房有可能存在面积差，因此一定要仔细核实面积补差款发票。一般商品房需要缴纳契税和公共维修基金，然后再缴纳物业费、取暖费以及停车位费等。

7. 办理房产证

全款购房的购房者可以选择开发商代办房产证，或者自行办理房产证。一般自行办理房产证的速度比开发商办理得快，开发商一般选择第三方代办公司处理，办理人员多，速度较慢，且会收取一定费用，注意自行办理房产证需要预留出工作日时间。

4.5.2 全款购房的注意事项

（1）在合同中明确注明：如果贷款办理不成功，则需无条件解除合同，退回全部定金和已交付的房款。

（2）要明确约定产权证办理的具体时间，同时要约定不能如期交付产权证的违约责任。

（3）要约定房屋及其附属设施的保质期，以及出现房屋质量问题时，有对应的解决方案。

（4）购房者可以要求开发商将公摊面积和套内面积明确地写出来，并附一张项目公摊的平面图纸。

（5）签订正式合同的时候，要确保合同无空白处。

4.5.3 一次性付款的优势与劣势

1. 优势分析

（1）从费用上来看，全款购房可以免除各种手续费、银行利息等。开发商多会对一次性付款的商品房购买者给予折扣优惠。

（2）全款购房省时便利，直接与开发商签订购房合同，除去了贷款利率上浮的支出，也节省了申请贷款的时间。

（3）房屋后期买卖自由，不受银行贷款条件的约束。后期想换面积更大的房屋或者房价上涨时，可以快速出手。当自己资金周转困难时，还可向银行进行房屋抵押。

2. 劣势分析

（1）通货膨胀带来的影响，影响最大的是存款者，影响最小的是贷款者。

（2）全款购房对流动资金产生影响。全款购房后不存在房贷压力，但缺少现金流会让生活质量受到影响，尤其是缺乏对抵抗日常生活风险的能力，面对突发情况将无法拿出足够现金应对。

（3）贷款利率远远低于理财利率，2019 年商业贷款利率 5 年以上为 4.9%，公积金贷款利率为 3.25%。

4.6　分期付款

分期付款购房是指购房先付部分款项便能取得房屋使用权，而其余款项则需在规定的年限内逐年付清。一般分期付款最后的总金额要比一次性付款的总金额多。

4.6.1　分期付款的性质

（1）增加商品房销售量，使部分滞销房屋尽早投入使用。

（2）促使部分暂时无力购买住宅的人们实现住宅交易。

（3）通过政府的调节，可以使低收入居民拥有住房，也能吸引部分社会资金。

（4）现有公房通过分期付款的方式售房给住户，回收资金。

4.6.2　分期付款购房的优势

（1）投入少。分期付款支付一定数额的首付，便可拥有自己的房子，适合大部分的购房者。

（2）资金活。从投资角度来看，购房者将资金分开投资，将原本一套房的全款，购置多套房产，可以实现以租养贷的模式，或者将资金投资在其他项目上，能够让手里的资金灵活运用。

（3）风险小。分期付款是向银行贷款购房，不仅购房者关心房子的优缺点以及是否能准时交房外，银行也会对该房产进行调查，这样购买者购房的风险会更小，保险性也能有所提升。

4.6.3　分期付款购房的劣势

（1）个人债务重。分期付款需在约定时间内完成还款，且需向银行支付一定的利息，最后总房款加上利息会比一次性付款购房总价高。如遇上重大事件，如重大疾病、失业等，购房者的压力会更大。

（2）流程麻烦。贷款购房比一次性付款购房的购买流程烦琐，由于需要银行审批贷款，而银行对房贷审查严格，整个过程长则半年，因此会拖长整个购房进度。

（3）不易卖出。分期付款的房子的贷款方式为抵押贷款，要想卖房，需将贷款结清，操作流程十分麻烦。

4.7　按揭付款

按揭付款是购房者用所购房产作为抵押，由其所购买的房地产企业为受益人，提供阶段性担保的个人住房贷款。受益人作为还贷保证人，按揭购房者还清贷款后，受益人应立即将所涉及的房屋产权转让给按揭人，而在这一过程中，按揭人享有房屋使用权。

4.7.1 按揭贷款的流程

1. 了解楼盘是否接受按揭贷款

在购房时，需对心仪的楼盘进行全方位了解，还可通过网站查询信息，或通过房产销售人员来了解办理按揭贷款的相关信息，需明确房产开发商已获得银行支持。

2. 准备按揭贷款的相关材料

购房者在确认自己所购房产得到银行按揭贷款支持后，应主动向银行了解关于购房贷款的相关规定，准备好相关文件资料，填报《按揭贷款申请书》。

3. 确认购房者是否符合按揭贷款条件

银行收到购房者递交的按揭申请书后，通过审查购房者的贷款条件，经确认无误，同意贷款并发放按揭贷款承诺书，购房者便可与开发商签订《商品房买卖合同》。

4. 签订房产抵押合同

购房者在签订按揭合同，取得缴纳房款凭证后，持银行规定的相关法律文件，与开发商、银行一同签订《楼宇按揭抵押贷款合同》，合同中应明确规定按揭贷款的数额、还款方式、贷款利率及年限等，对购房者的权利与义务也应当划分清晰。

5. 对房产进行登记备案

办理抵押登记时，需购房者、开发商与银行一起持《楼宇按揭抵押贷款合同》及《商品房买卖合同》，到房地产管理部门办理房产抵押备案手续。若该房产为期房，在竣工后应办理变更抵押登记，注意购房者应购买保险，且将银行列为第一受益人，在贷款履行期间不得中断保险。

6. 设定专门的还款账户

购房者在签订《楼宇按揭抵押贷款合同》后，按照银行相关规定，需指定金融机构开设专门的还款账户，双方签订授权书，授权该机构从账户中支付银行与购房合同相关的贷款本息与欠款。同时，银行方确认购房者符合按揭贷款条件，按照《楼宇按揭抵押贷款合同》约定义务，一次性将按揭贷款划入开发商在银行开设的监管账户中。

4.7.2 按揭贷款需要提供的资料

（1）申请人和配偶的身份证、户口簿原件及复印件三份。如果申请人与配偶不在同一户口簿上，需要另附婚姻关系证明。

（2）购房者收入证明，连续半年的工资收入证明或纳税凭证，证明资料由银行提供，交给售楼处。

（3）资信证明，包括学历证、其他房产、银行流水、大额存单等。

（4）个人征信报告是购房的关键因素。

（5）购房者与公司签订的《商品房买卖合同》。

（6）房价30%或以上的预付款收据，原件与复印件各一份。

（7）若借款人为企业法人，需提供有效的《企业法人营业执照》或《事业法人执照》、法定代表身份证明书、财务报表、贷款卡等材料。若该企业为股份制，还需提供公司当带技术章程、董事会同意抵押证明书；以及开发商的收款账号一份等。

4.7.3　按揭贷款的优缺点

1. 按揭贷款的优点

（1）花明天的钱圆今天的梦。按揭贷款最大的好处在于不必马上凑齐全款，可以预付一部分资金购置房产。向银行按揭贷款购房，提前住进自己的新家，即使钱少也可以购房。

（2）将有限的资金发挥更大的价值。从理财投资的角度来看，将部分资金用于购置房产，实现以租养贷的模式，再将手中多余的资金投资到其他项目，这样能够将资金灵活使用，创造更多价值。

（3）银行审查严格，替购房者把关。购房者向银行贷款购房，银行自然对房产项目的优劣更加关注。银行除了审查购房者信息是否真实外，还会对开发商进行审查，自然比购房者的审查更为严格。

2. 按揭贷款的缺点

（1）背负债务，心理上有负担。背负巨额债务会增大购房者的心理压力，因此，保守型的人不适合采用贷款购房，心理负担较重。而实际上，任何一位购房者担负沉重的债务，都不会很轻松，这也是按揭付款最直接的缺点。

（2）房产不易迅速变现。按揭付款的房产本身就是抵押贷款，房子再出售比较困难，不利于购房者退市。

4.8　一次还本付息法

> 一次还本付息法是指借款人在贷款到期后一次性归还本金与利息，适合短期借贷。

4.8.1　一次还本付息法概述

一次还本付息法适合短期内资金周转不开的人。目前各银行规定，贷款期限在一年（含一年）以内，当还款方式为到期一次还本付息时，还款金额为初期的本金加上整个贷款期的综合利息。

4.8.2 一次还本付息法的计算公式

一次还本付息法的计算公式如下：

到期一次还本付息额＝贷款本金 ×[1 ＋年利率（％）]（贷款期为一年）

到期一次还本付息额＝贷款本金 ×[1 ＋月利率（‰）×贷款期（月）]（贷款期不到一年）

其中：月利率＝年利率 ÷12。

例如，某人在购买商品房时，办理了一笔 10 万元的贷款，贷款期限为 6 个月，贷款方式为一次性还本付息，则到期一次性还款付息的金额为 100000×[1 ＋（4.14％ ÷12 月）×6 月]＝102070 元。

一次还本付息与分期付息的区别见表 4-3。

表 4-3　一次还本付息与分期付息的区别

	借入时	计提利息	到期还本
一次还本付息	借：银行存款	借：财务费用等	借：长期借款→本金→应付利息
	贷：长期借款→本金	贷：长期借款→应付利息	贷：银行存款
	计算利息	支付利息	到期还本
分期付息	借：财务费用等	借：应付利息	借：长期借款
	贷：应付利息	贷：银行存款	贷：银行存款

4.9 等额本金还款与等额本息还款

等额本金还款与等额本息还款的费用比率不同，应当根据实际经济收入来权衡。

4.9.1 等额本金还款

1. 概述

等额本金还款是在还款期内均分贷款数总额，贷款者需要每月偿还同等数额的本金与该月产生的利息。这种还款方式每月的还款本金数额固定，但利息逐月减少。在还款初期，借款人的还款压力较大，但随着时间推移，每月还款金额逐渐减少，压力也随之减小。

2. 等额本金还款的计算公式

每月还款额＝（贷款本金 ÷ 还款月数）+（本金－已归还本金累计额）× 每月利率。

等额本金还款方式适合小额贷款且利率较低时，当贷款金额较大时，等额本金的还款方式会给贷款人带来较大的还款压力。等额本金还款在每期还款的结算时刻，只对剩余的本金计息，未支付的贷款利息不与未支付的贷款余额一起作利息计算，而只有本金才作利息计算。等额本金还款第一个月的还款额最多，然后逐月减少，越还越少。

4.9.2 等额本息还款

1. 概述

等额本息还款是在保持月还款数额不变的情况下，本金逐月递增，利息逐月递减。在还款初期，仅仅是利息就占据了每月还款数额的大部分，随着本金逐渐返还，还款中的本金比重增加，利息逐渐减少。在这一过程中，银行会先将借款利息收回，这也是购房贷款中经常被银行使用的借贷方式。

此外，等额本息还款能够有计划的控制家庭的收入与支出，由于每月的还款数额固定，还款者也能够预留出足够的还款金，合理有序地安排家庭支出。

等额本息还款采用的是复合利率计算。在每期还款的结算时刻，剩余本金所产生的利息要和剩余的本金一起被计息，即未付的利息也要计息。在月供"本金与利息"的分配比例中，前半段时期所还的利息比例大、本金比例小；还款期限过半后将逐步转为本金比例大、利息比例小。

2. 等额本息还款的计算公式

等额本息还款的计算公式如下所示：

每月还款额 = [贷款本金 × 月利率 × （1 + 月利率） × 还款月数]÷[（1 + 月利率） × 还款月数 − 1]

4.9.3 两种还款方式的区别

1. 付息不同

在贷款期限、金额和利率相同的情况下，在还款初期，等额本金还款每月归还的金额要大于等额本息还款，但在后期每月归还的金额要小于等额本息还款，即按照整个还款期计算，等额本金还款会节省贷款利息的支出，还款者所付利息会比较少。

2. 适用对象不同

（1）等额本金还款适合有一定经济基础、能承担前期较大还款压力，且有提前还款计划的借款人。

（2）等额本息还款因每月归还相同的款项，因此方便安排收支，适合经济条件不允许前期还款投入过大、收入处于较稳定状态的借款人。

例如，贷款者的贷款金额为 100 万，计划二十年内还清所有贷款（图 4-5）。

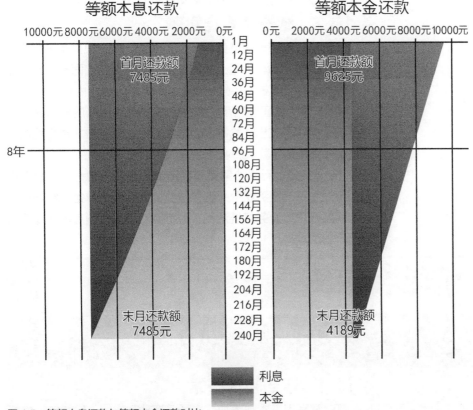

图 4-5 等额本息还款与等额本金还款对比

4.10 固定利率与结构性固定利率

固定利率与结构性固定利率会影响房贷的实际还款金额，要根据不同银行的放款政策来确定。

4.10.1 固定利率

固定利率由国家规定，是在一定时期内贷款利率不受资金供求变化、社会平均利润率影响的一种利率，具体内容如下：

（1）在贷款合同中，整个贷款期间利率不会改变，必须明确，在一年以上的贷款业务中，合同中标明一个借贷双方都同意的利率标准，这一利率标准为该贷款的固定利率。

（2）购房者在签订购房贷款合同时，如果选择固定利率贷款，则在贷款期限内不论银行利率如何变动，上调抑或是下降，借贷人都需按照固定的利率支付利息。

（3）固定利率房贷的利率不随物价或其他因素的变化而调整，而这有利有弊。如果利率上调了，它仍然执行之前的贷款利率，这样可以省一笔利息；如果利率水平走低，在房贷利率固定情况下，则可能存在购房者为房贷多交钱的情况。

4.10.2　结构性固定利率

结构性固定利率贷款在利率固定期间，可分段执行不同的利率标准，例如，利率固定五年的贷款，可在贷款前两年固定执行一个利率，后三年执行另外一个不同的利率。具体内容如下：

（1）结构性固定利率贷款适合前期经济紧张的购房者，能减少贷款的利息支出，给购房者带来实惠，还款方式也会更加灵活，但如果提前还款，将收取较高额度的违约金。

（2）从房贷利率的角度与经济情况来看，购房者要根据自己的收入水平、经济状况来选择贷款方式。此外，各大银行也会不定期展开贷款业务打折活动，购房者可以因地制宜地选择适合自己的贷款方式。

4.11　浮动利率

> 浮动利率是在借贷期内可定期调整的，会随着物价变化或其他因素变化而发生相应调整的利率。

4.11.1　浮动利率概述

目前常采用基本利率加成来计算浮动利率。一般将信誉较好的企业或商业票据作为基本利率，在这一基础上，通过加收 0.5 ~ 2 个百分点作为浮动利率，还款方式为平时按规定的付息期的浮动利率付息，到期时按照面值还本金即可。

1. 优势

（1）浮动利率贴近市场利率水准，当利率下滑时，可节省发行成本；可以锁定利差，避免利率风险；还可避免固定利率的某些弊端。

（2）利率调整可以及时反映资本市场上资金的供求状况，且借贷双方承担的利率变动的风险也会比较小。

（3）浮动利率有助于金融机构及时根据市场利率的变动情况调整资产负债规模及企业融资决策。

（4）浮动利率有助于中央银行及时了解货币政策的效果并做出相应的政策调整。

2. 劣势

浮动利率的计算方式复杂，手续烦琐。

4.11.2　固定利率贷款与浮动利率贷款的区别

1. 固定利率贷款

当利率上升时，贷款人可以规避资金风险；但当利率走稳或者下调时，贷款人又将被锁定在一个较高的利率上，需要多付出利息。

市场上普遍存在加息预期，在利率风险骤然增加的情形下，固定利率贷款成了规避风险的良好工具。但同时也需要借贷者对市场经济走向做出清晰的认知，这样才能有效地节省资金。

2. 浮动利率贷款

借贷关系成立后，利率会随着市场浮动。相对于固定利率来说，借贷方与银行方所承担的风险较小，在 20 世纪 70 年代之后，随着世界各国利率波动增加，浮动利率贷款被更多的国家采用，这种借贷方式也逐渐变得受欢迎。固定利率贷款与浮动利率贷款的主要区别在利率调整方面，一方不受影响，一方受到较大影响。

4.12 住房公积金

住房公积金指国家机关、国有企业、城镇集体企业、外商投资企业、城镇私营企业及其他城镇企业、事业单位及其在职职工，对等缴存的长期住房储金。

4.12.1 住房公积金概念

1. 住房公积金

住房公积金的定义包含以下五个方面：

（1）住房公积金只在城镇建立，农村不建立住房公积金制度。

（2）只有在职职工才建立住房公积金制度。无工作的城镇居民、离退休职工不实行住房公积金制度。

（3）住房公积金由两部分组成，一部分由职工所在单位缴存，另一部分由职工个人缴存。职工个人缴存部分由单位代扣后，连同单位缴存部分一并缴存到住房公积金个人账户内。

（4）住房公积金缴存的长期性。住房公积金制度一经建立，职工在职期间必须不间断地按规定缴存，除职工离退休或发生《住房公积金管理条例》规定的其他情形外，不得中止和中断。体现了住房公积金的稳定性、统一性、规范性和强制性。

（5）住房公积金是职工按规定存储起来的专项用于住房消费支出的个人住房储金，具有两个特征：一是积累性，即住房公积金不是职工工资的组成部分，不以现金形式发放，并且必须存入住房公积金管理中心在受委托银行开设的专户内，实行专户管理。二是专用性，住房公积金实行专款专用，存储期间只能按规定用于购、建、大修自住住房，或缴纳房租。

职工只有在离职、退休、死亡、完全丧失劳动能力并与单位终止劳动关系或户口迁出原居住城市时，才可提取本人账户内的住房公积金。按政策规定，企业都应该给职员存缴住房公积金，不分国有企业和私营企业。

2. 职工住房公积金

职工缴存的住房公积金和职工所在单位为职工缴存的住房公积金，是职工按照规定储存起来的专项资金，可用于住房消费支出的个人储金，属于职工个人所有。

3. 住房公积金贷款

住房公积金贷款是指由各地住房公积金管理中心，运用职工所在单位所缴纳的住房公积金，委托商业银行向缴存住房公积金的在职职工，以及在职期间离、退、休职工发放的房屋抵押贷款。

4.12.2 办理流程

（1）准备申请人及配偶的住房公积金缴存证明及购买住房的合同、协议等有效证明文件。

（2）准备申请人及配偶身份证明，包括中华人民共和国居民身份证、居民户口簿和其他有效居留证件等，以及婚姻状况证明文件。

（3）准备家庭稳定经济收入证明，以及其他对还款能力有影响的债权债务证明。

（4）用于担保的抵押物、质物清单、权属证明，以及有处置权人同意抵押、质押的证明以及有关部门出具的抵押物估价证明（图4-6）。

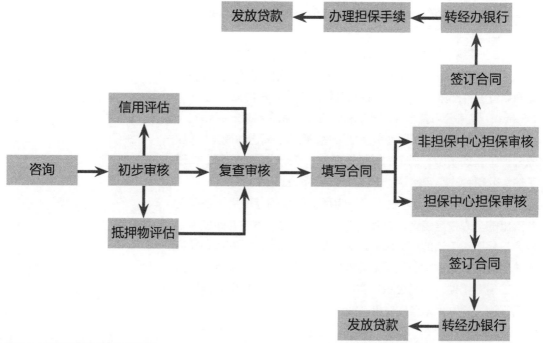

图4-6 住房公积金贷款办理流程

4.12.3 具体表现

（1）保障性。建立职工住房公积金制度，能够为职工较快、较好地解决住房问题，提供生活保障。

（2）互助性。能够有效地建立和形成有房职工帮助无房职工的机制和渠道，而住房公积金在资金方面为无房职工提供了帮助，体现了职工住房公积金的互助性。

（3）长期性。每一个城镇在职职工自参加工作之日起，直至退休或者终止劳动关系的这一段时间内，都必须缴纳个人住房公积金，职工所在单位也应按规定为职工补助缴存住房公积金。

4.12.4 还款方式

根据贷款银行与借款人签订的《借款合同》约定，借款人应在贷款发放后的次月按月还款，具体方式有两种，由借款人自行选择。

1. 提前偿还全部贷款本息

借贷人提前偿还全部贷款本息，由贷款银行按照贷款实际占用的天数，重新核定借款人剩余部分的贷款本息。

2. 提前偿还部分贷款本息

借贷人提前偿还部分贷款本息，由贷款银行按剩余的贷款本金，重新计算借款人的月还款金额或贷款期限。

4.12.5 计算方式

1. 按还贷能力计算公式

[（借款人月工资总额＋借款人所在单位住房公积金月缴存额）× 还贷能力系数 − 借款人现有贷款月应还款总额]× 贷款期限（月）

2. 使用配偶额度计算公式

[（夫妻双方月工资总额＋夫妻双方所在单位住房公积金月缴存额）× 还贷能力系数 − 夫妻双方现有贷款月应还款总额]× 贷款期限（月）

还贷能力系数为 40%。

月工资总额＝公积金月缴额 ÷（单位缴存比例＋个人缴存比例）。

3. 按照房屋价格计算贷款额度

计算公式为：贷款额度＝房屋价格 × 贷款成数。

该计算公式中的"贷款成数"应根据购建修房屋的不同类型和房贷套数来确定。

4.12.6 提取条件

住房公积金在提取时必须符合一定的条件，只有具有以下情形之一时，才可以提取职工住房公积金账户内的存储余额。

（1）购买、建造、翻建、大修具有所有权的自住住房。

（2）职工离休、退休。

（3）完全丧失劳动能力、并且与所在单位终止劳动关系。

（4）准备出境定居。

（5）偿还购房贷款本息。

（6）房租超出家庭工资收入的规定比例。

第5章

精准化验收

识读难度：★ ★ ★ ★ ★

重点概念：收房流程、毛坯房验收、

精装房验收、细节验收、验房工具

章节导读：验房是法律赋予购房者的重要权利，可有效保护购房者权益，房屋验收不合格时，购房者有权要求开发商整改，直至与签订的购房合同一致，住上满意的房子。

5.1 收房流程

收房时，开发商会给购房者充裕的时间办理收房手续，拿到新房钥匙后，到房屋内部查看建筑结构与配套设施，发现问题及时反馈维修或整改。

5.1.1 收房过程

1. 收取《入住通知书》

在约定好的交房期限内，购房者会提前收到《入住通知书》，购房者可以选择提前收房，但不宜推迟收房。推迟收房不会产生违约金，也不会对开发商造成影响，但房屋的物业费、公共维修基金、保修时间等，都会按照开发商规定的时间开始计算。

2. 带上齐全的证件

收房当天，购房者需带上自己的身份证、收楼通知书原件、购房合同原件、购房款票据等指定资料，到现场进行房屋验收。

3. 核实房屋面积

首先要确认售楼合同附图与现实是否一致，结构是否和原设计图相同，房屋面积是否经过房地产部门实际测量，与合同签订的面积是否有差异；其次，查看售房合同，误差值是否在范围内；最后，签订合同时注意将误差定在 2%～3%，建议最好不超过5%。若验收合格，购房者须在《房屋验收交接单》上签字认可。

4. 领取钥匙

收房当天开发商会在现场发放新房钥匙，即先拿钥匙后收房，这样能够保障购房者的收房权益。此外，收房时不能先收房后拿钥匙，这样做收房之后发现质量问题将难以定责。

5. 房屋检验

拿到钥匙后，物业管理人员陪同购房者前去验房，包括检验新房的面积、房屋的质量、装修质量等。若验收不合格，购房者可暂不办理收楼入住手续，双方另行约定二次收房时间。

6. 填写《房屋交付验收表》

在验收过程中，物管人员会帮忙记录水表、电表等的读数，同时，对于验收过程中发现的问题，也都可以一并写进该记录表中。如果房屋验收顺利的话，购房者就可按实际验收情况填写《房屋交付验收表》等文件。

5.1.2 房屋验收准备

1. 房屋验收作用

（1）确定购房流程。房地产开发商交房时，会组织购房者到房屋现场作实地验收，多数人认为住宅验收都是走过场，很多购房者并没有认真对待。交房验收在购房合同中属于必须执行的程序，购房者不能忽视这一重要程序，要认真对待。

（2）检验开发商的态度。有的开发商为了体现房屋的质量，在交房时特地为购房者准备了验收工具和使用手册，表现出诚信的态度，而有的开发商却敷衍了事，只顾催促购房者签字，给后期装修、入住带来不少隐患。

（3）检验新房质量。房地产开发商一般会将交房验收的时间安排在购房合同约定的时间之前，方便接待管理。如果条件允许，购房者可以在正式验收的前几天到房屋现场做一次考察，也称为预验收。目的在于排除开发商接待员的干扰，彻底找出质量问题，待正式验收时能郑重地提出修整意见，防止被无良开发商"牵着鼻子走"。

（4）确定装修相关事宜。房屋验收不仅是购房者对房屋质量的认定，还是装修设计的前奏。现在全国各地的新楼盘如雨后春笋般树立起来，房屋质量参差不齐，只有严格执行交房验收手续，才能维护购房者的合法权益。

（5）审核重点部位。现代住宅建筑的规范要求很多，为了保证验收效率，仅仅靠一把卷尺是远远不够的，验收工具是否齐备决定了验收部位是否到位。一些开发商或装修公司在组织购房者进行房屋验收时，都会赠送一把空鼓锤，用于检测墙地面或构造内是否存在空鼓，这为房屋验收提供了必要保证。但是购房者仍然要有选择地准备一些验收工具，针对重点部位做详细检查（图 5-1、图 5-2）。

图 5-1　建筑外观
↑观察建筑外墙的整体质量，查看是否存在开裂、渗水、门窗残缺等问题，如发现则应及时找开发商解决问题。

图 5-2　电梯间
↑观察各层电梯间装修状况，查看墙地面铺装材料接缝是否均匀细致。

2. 房屋验收工具

房屋验收工具主要有卷尺、厚薄规、水平尺、空鼓锤、盛水容器、试电笔、万用表、废旧报纸、打火机、小镜子、手电筒、笔、计算器等。其中大部分工具都能方便获取，至于厚薄规、水平尺、万用表等可以向开发商借用，或向装修杂货店租用，发现问题拍下验收中存在的问题，作为要求房地产开发商整改的依据（图5-3）。

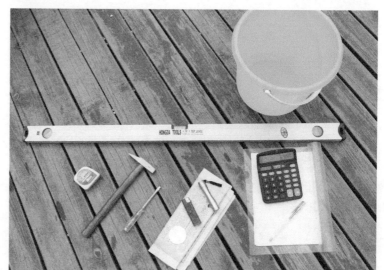

图5-3　房屋验收工具
→房屋验收是收房中的重要步骤，准备一些设备、仪器对房屋进行检查。水桶用于盛水灌入排水管中检测是否漏水渗水。水平尺用于测量墙面、地面的平整度。卷尺用于测量各装修构造的尺寸是否一致。空鼓锤用于敲击瓷砖、石材铺装是否有空鼓。试电笔用于检查插座面板中的正负极是否正确。报纸与打火机能燃烧生烟，检测烟道风向。手电筒用于查看采光不佳的卫生间或角落。计算器用于计算测量所得尺寸。纸和笔用于记录数据或房屋验收中出现的问题。

5.2　初步验房

初步验房适用于普通购房者，进入房屋室内空间后，可以自行采用简单的工具进行验房，达到对房屋质量的初步认知，如果初步验房无明显问题，可以放心签收并准备装修或入住。

5.2.1　检查房屋结构

开始检查房屋结构与自己当初选择的平面图是否相符，测量房屋所有空间实际大小与高度，以防一些无良开发商以次充好（图5-4）。

5.2.2　检查屋顶、墙面、地面

查看屋顶与墙面的阴阳角是否成整齐，顶面有无开裂脱落的情况（图5-5）。

检查墙地面是否存在开裂，关注墙面的平整度，可以采用水平尺紧贴墙面各部位，看墙面与水平尺之间是否存在较大缝隙。地面平整度检测可以采用水平仪，采用卷尺在房间内各部位测量水平仪的标线高度（图5-6、图5-7）。

检查厨房、卫生间墙面及地面的平整度，精装房墙面及地面

房 产 分 户 图

单位：m, m²

宗地代码		00002		结构	钢筋混凝土	专有建筑面积	75.89
幢代码	F0045	户代码	0057	总层数	32	分摊建筑面积	21.71
专有土地面积	374.54	分摊土地面积	2.82	所在层次	15	建筑面积	97.60
座落							

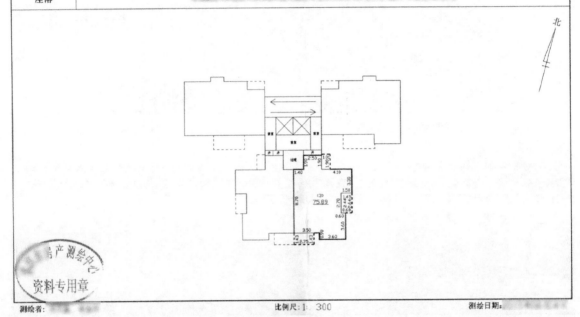

测绘者：　　　　　　　比例尺：1：300　　　　　　测绘日期：

a）房产分户图

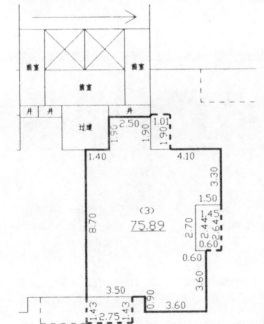

b）房产分户图局部

图 5-4　检查房屋结构

←↑根据购房合同上的房产分户图，对比实际户型，检查户型设计、面积、尺寸是否存在误差，如果户型存在较大误差，可以向开发商讨要差价。

a）厨房顶面

b）客厅顶面

图 5-5　检查顶面外观

↑观察厨房烟道与顶面阴阳角处是否存在渗水，尤其是位于楼层顶层与次顶层的房屋，渗水表明外墙有裂缝或楼顶烟道渗水，需要整改维修。客厅与其他空间顶面同样要关注与建筑外墙结合的阴阳角部位，如有漏水渗水现象，应当及时反馈给开发商进行维修。顶面的验收最好在雨天过后进行，是否渗水漏水能一目了然。

a）窗户室内墙面外观

b）水平尺

c）横梁尺寸

图 5-6　检查墙面外观

↑主要观察窗户室内墙面周边是否存在裂缝，如有明显裂缝说明窗洞密封不严密，有漏水渗水的隐患。水平尺与墙面之间缝隙宽度不应大于 2mm，横梁高度尺寸差不应当大于 5mm。

a）室内地面外观

b）水平仪

c）高度尺寸

图 5-7　检查地面外观

↑主要观察室内地面是否平整或存在裂缝，地面应当有条形防滑槽，方便铺装地砖或地板，如有明显裂缝则是地面找平层水泥砂浆含砂率过高，需要固化处理。将水平仪投射出标高线，用卷尺在墙面各处测量距离地面的高度，误差不应大于20mm。

会铺装好瓷砖并安装有配套设施，仔细观察表面的是否存在开裂。

对于已经铺装好墙砖及地砖的室内空间，可用空鼓锤轻敲墙面、地面,感觉其是结实或是空鼓,如果有开裂或空鼓声,应加以标注,并与开发商说明(图 5-8)。

a)精装修卫生间

b)精装修厨房

c)空鼓锤敲击

图 5-8 室内检查

↑观察室内墙壁表面的情况,是否存在墙面开裂、空鼓等现象,可以用开发商给的验房工具来检查墙体情况,如果存在大面积的空鼓现象,应当及时与开发商沟通。

5.2.3 检查防水

注意观察卫生间地面、厨房地面的防水层工艺,时间允许的话可以做一整天的闭水实验,要仔细查看房屋整体的漏水情况,尤其需检查卫生间是否有漏水情况。如果楼上购房者也在,则可以同时进行测试,查看测试效果。严格的防水验收规范包括以下内容。

1. 材料验收

质量好的防水材料,能够提升防水效果。在检查防水时应当对防水材料进行验收,要注意检查产品证书,检查防水材料性能等是否符合国家现行的有关规定(图 5-9)。

a)单组份聚氨酯防水涂料

b)双组份聚氨酯防水涂料

c)丙纶防水卷材

图 5-9 常用的防水材料

↑开发商与建筑承包商常用聚氨酯防水涂料,单组份聚氨酯防水涂料打开包装后直接涂刷,日后容易开裂,稳定性差。双组份聚氨酯防水涂料稳定性好,耐久性强。丙纶防水卷材的防水效果最好,制作成本较高,多用高端品牌商品房。这些材料的品种名称会在交房资料中注明,可以根据需要在后期装修改造中自行选购修补。

2. 防水层外观验收

防水层表面不能有空鼓、开裂、起砂等问题,同时基层的含水率要符合施工标准。此外,防水层从地面延伸至墙面时要高出地面 300mm,墙面防水应该达到 1800mm。空间内排水要畅通、不能有积水倒坡的现象(图 5-10)。

a）屋顶防水层阴阳角

↑如果所购房屋是顶层，应当到屋顶平台查看屋顶防水层制作是否严密，地面与周边墙体之间的阴阳角应围合严密。

b）卫生间地面

↑卫生间防水层是黑色材料，表明是聚氨酯防水涂料，表面光泽度高且质地厚实有弹性表明材料质量较好。

c）卫生间边角

↑仔细观察边角部位，尤其是给排水立管周边是否涂刷严密。

d）硅橡胶防水涂料

↑中高端品牌开发商会选用硅橡胶防水涂料，这种材料涂刷后应当能完全遮盖原有墙面材料色彩，且富有抗拉伸性。

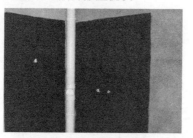

e）水泥聚合物防水涂料

↑水泥聚合物防水涂料多为墨绿灰色，防水效果较好，可涂刷到较高的墙面，后期铺贴瓷砖不会脱落，这是上述防水材料所不具备的特性，但是底部阴阳角处抗拉伸性不佳，因此多用于墙面防水。

f）精装房墙地砖边角

↑在精装房中，仔细观察已经铺装墙地砖的边角部位，浇水润湿后，观察瓷砖颜色是否变深，如有变深说明瓷砖质量不佳或缝隙填补材料质量不佳，具有漏水渗水的隐患。

图5-10　防水层验收

3. 闭水试验

闭水试验是必不可少的环节，首先应将所有的排水管、地漏堵住，防止储蓄的水流失，这样才能达到闭水试验的效果。在闭水的这段时间内，要观察水位是否明显下降，或者楼下是否出现渗水现象（图5-11）。

a）卫生间蓄水

↑将排水管与地漏堵塞严密，往卫生间中注水，水位高度达100mm左右，做好水位高度标记，封闭门窗，等待48小时后，观察水位高度，如没有明显下降，则说明不渗漏。

b）楼下查看

↑到楼下查看，主要注意排水立管边角是否发生渗漏。

图5-11　闭水试验检查

5.3 精细测量验收

测量面积是保障购房者权益的必要验房流程，房屋室内尺寸较多，全部测量会耗费大量时间，可以根据购房合同与图纸，寻找几个主要尺寸进行核实。

5.3.1 测量工具

卷尺方便携带、价格便宜，10 元以内可以买到质量不错的卷尺，规格有 3m、5m、8m 等，测量时多选用 5m 的卷尺即可。激光测量仪的精准度较高，读取数据较快，还可以直接计算出面积。此外，一些卷尺测量困难的位置，激光测量仪能够轻而易举的测量，尤其在测量层高时会十分便利（图 5-12、图 5-13）。

a）卷尺

b）激光测量仪

↑卷尺价格便宜，携带方便，普通五金店、文具店即可购买，十分便利。

↑激光测量仪属于电子产品，价格逐渐在下降，可以购买一件备用，这种专业测量工具使用更方便精准。

图 5-12 测量工具

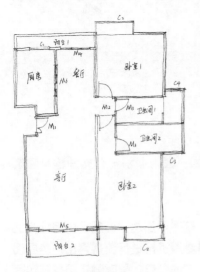
a）绘制基础图形

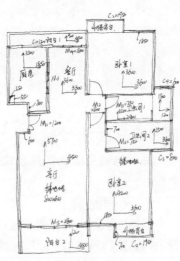
b）记录数据

图 5-13 绘图记录
←绘图记录的方法没有严格限定，只要自己能看懂即可。所标注的尺寸数据不要重叠或挤压，可以通过引线引出至空白处记录，房间的整体长、宽数据可以通过坐标的形式记录下来，避免与其他数据发生混淆。

5.3.2 测量方法

1. 定量测量

定量测量主要测量各个房间室内的长度、宽度、高度，计算出每个房间的面积，再根据需要确定房间用途，可根据自身喜好与日常生活习惯做出合理化设计（图5-14）。

2. 定位测量

定位测量主要是对门、窗、空调孔等位置进行标识，窗户需要标明数量。在厨房和卫生间的测量中，对落水管的位置、孔距、马桶坑位孔距、离墙距离，排烟管的位置，煤气管道位置、管下距离，地漏位置等等都需要做出准确的测量，以便在日后的设计中准确定位（图5-14）。

3. 高度测量

正常情况下，房屋的高度应当是固定的，但由于各个房屋的建筑、构造不同，也可能会有一定的落差。在进行高度测量中，要仔细查看房间每个区域的高度是否出现落差，以便在日后的装修时做到准确无误（图5-14）。

a）宽度测量

↑通过测量室内各个空间的尺寸、面积来确定其用途，可以通过购房者的使用习惯进行用途划分。

b）墙体厚度测量

↑墙体厚度主要有外墙与内墙之分，同一墙体类型的厚度应当一致，误差应当小于5mm。

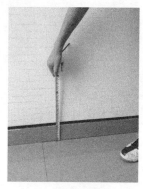

c）构造测量

↑用卷尺仔细测量各主要精装修构造的尺寸是否一致，如踢脚线高度。

d）高度测量

↑房屋整体高度应当一致，正常住宅的净空高度不应小于2750mm。

图5-14　测量

5.3.3 面积计算

商品房销售面积计算方式为：套内面积＋公摊面积＝建筑面积。

1. 预测面积

预测面积是指商品房期房在获得预售销售证后，由房地产主管机构选定具有测绘资质的房屋测量机构进行测量得出的房屋面积。测量机构会根据施工图纸、实地考察、国家测量规范等实际情况，对尚未施工的房屋面积进行预先测量计算，成为开发商进行合法销售面积的依据。

2. 实测面积

实测面积是指商品房竣工验收后，开发商委托具有测绘资质的房屋测绘机构进行实地勘察、绘图、计算后，得出的实测面积，实测面积是购房者办理产权证、物业费结算的最终依据。

3. 计 50% 建筑面积的空间

（1）有盖无柱的外走廊、檐廊等按水平投影面积的一半计算面积（图 5-15a）。

（2）未封闭的阳台，按其水平投影面积的一半计算面积（图 5-15b）。

<table>
<tr><td>a）外走廊</td><td>b）未封闭阳台</td></tr>
</table>

↑室外的外走廊，尤其是连廊结构的住宅户型，在建筑面积中按照水平投影面积的 50% 面积计算。

↑没有完全封闭的阳台，其面积按照水平投影面积的一半来计算建筑面积，而全封闭的阳台则按照实测面积来计算。

图 5-15 计 50% 建筑面积的空间

4. 计入公摊建筑面积空间的共用空间

公摊建筑面积包括套（单元）门以外的室内外楼梯、内外廊、公共门厅、通道、电梯、配电房、设备层、设备用房、结构转换层、技术层、空调机房、消防控制室、为整栋楼层服务的值班警卫室、建筑物内的垃圾房、电梯机房以及水箱间等。

5. 不计入公摊建筑面积的共用空间

不计入公摊建筑面积的共用空间有机动车库、非机动车库、车道、供暖锅炉房、人民防空工程的地下室、警务室、消防避难层及配电房等。购房者受益的其他非经营性用房，需要进行公摊的，应在销（预）售合同中写明房屋名称以及需公摊的总建筑面积。

6. 计算建筑面积的室内空间

（1）室内夹层、楼梯、电梯间、阁楼等高度在 2.2m 以上的部位计算建筑面积。

（2）门厅、大厅均按一层计算建筑面积。

（3）楼梯间、电梯井、管道井均按房屋自然层计算建筑面积。

（4）全封闭的阳台按其外围水平投影面积计算建筑面积（图5-16）。

a）室内夹层

↑一般住宅室内高度为2.8m以上，夹层高度低于2.2m不计算在建筑面积内。

b）楼梯

↑作为上下楼的连接设计，其梯段高度超过2.2m以上的部分计算在建筑面积内。

c）电梯间

↑一梯一户住宅空间的电梯间，高度超过2.2m计算在建筑面积内。

d）阁楼

↑阁楼按照高度来确定，超过2.2m应计算在建筑面积内。

e）门厅

↑门厅是入户的第一空间，一般应计算在一层的建筑面积内。

f）封闭式阳台

↑封闭式阳台作为室内空间的补充，应计算在建筑面积内。

图5-16　计算建筑面积的室内空间

7. 不计算建筑面积的室内空间

（1）开发商赠送的面积，如空调机位、外挑窗等。

（2）房屋屋顶面上空间，没有顶盖的露台、晒台、花园、游泳池等（图5-17）。

a）外挑窗

↑外挑窗为建筑外凸出空间，不计入建筑面积，但是装修时不可拆除，否则有漏水渗水的隐患。

b）屋顶露台

↑屋顶露台无顶盖，不计入建筑面积，但是后期装修时不可加装固定顶盖，否则有高空坠落的隐患。

图5-17　不计算建筑面积的室内空间

5.4 设施验收

设施主要是指住宅的门窗、水电气等设施部位，验收主要查看这些部位表面有没有明显的质量缺陷，有没有腐蚀点、死节、破残等现象。配套设施应良好，颜色、材质应协调。

5.4.1 入户大门

现代住宅入户大门一般为封闭型钢制防盗门，主要检查门框安装是否牢固周正，门框与墙体连接是否密闭严实，门面有无开裂、破损等情况，尤其要注意门扇的垂直度。

1. 检查门扇外观

检查门扇有无变形、开裂等问题，漆面有无流坠、漏刷、磕碰，表面是否平整，有无明显划痕以及门扇距离地面的空隙是否考虑了地面装修等。

2. 检查五金配件

检查门锁安装是否牢固、均匀锁紧，钥匙插拔是否平滑、锁芯转动是否灵活，锁孔位置是否正常等。

3. 检验开关门效果

（1）检查大门把手安装是否牢固，旋转时有无异常阻力，表面有无缺损、变形。

（2）检查门轴是否完整牢固，转动是否平稳，门体和五金配件是否齐全、牢固。

（3）检查大门是否封闭，是否存在关闭不严等问题，门锁紧后是否稳固，有无晃动等（图 5-18）。

a）外观	b）门锁与把手	c）门轴铰链	d）地梁门槛
↑大门外观应当平整美观，揭开塑料膜后大门光洁整齐，漆面呈哑光形态。	↑门锁与把手开关应当紧凑，无松动空旷感，检查门锁安装有无缝隙，开启或闭合是否灵活。	↑门轴铰链经过多次开启、关闭后有无生涩感，无噪声，螺钉、铆钉是否衔接紧密，无松动，无异常阻力及磨损等。	↑地梁门槛焊接应紧密，密封严谨，地槛为不锈钢材质，地锁周边无明显缝隙。

图 5-18 入户大门验收

5.4.2　窗户

近年来，新建住宅多采用彩色铝合金门窗，这类产品主要应查看是否存在开焊、断裂等现象，表面是否被划伤，五金配件是否齐全，安装位置是否正确，使用是否灵活等，平开、推拉或旋转门窗的开关部件均应关闭严密。

1. 检查窗户外观

首先，检查所有门窗的开关是否灵活，风撑部位是否牢固，有无严重生锈情况；其次，检查门窗上的把手开关是否灵活，是否安装牢固；最后，检查所有门窗是否有安装歪斜情况，表面是否有划痕、污渍或变形等（图 5-19 ～图 5-21）。

图 5-19　观察建筑外观窗户

↑观察建筑外观的窗户形态是否完整，找到对应楼层查看，如果楼层过高，可以去相邻建筑楼层的楼梯间观察，同时也可以观察整栋建筑的外墙窗户是否完整。

图 5-20　推拉窗

↑从室内观察建筑窗户，推拉窗安装应当完整，边框密封严谨。

图 5-21　平开窗

↑从阳台处观察平开窗，外观安装应严密、开关自如，定位角度能任意固定。

2. 门窗框与墙体连接紧密

门窗框与墙体连接要牢固，固定螺钉的间距应小于等于 600mm，玻璃安装不能出现松动现象，单层玻璃不得直接接触型材。门窗具有热胀冷缩的特性，一般塑钢门窗的胀缩值可达 10mm 以上，所以要查看门窗与墙体界面间的密封是否为弹性材料密封，不得用水泥砂浆嵌缝，应当使用防寒毡条、泡沫塑料、有机硅泡沫密封剂、聚氨酯发泡剂等弹性材料填嵌饱满（图 5-22）。

3. 窗框与窗扇无缝隙

窗框与窗扇之间结合要严密，窗扇密封条接头处应没有明显缝隙，玻璃密封条与玻璃的接触应平整，不应有卷边、脱槽，压条必须与玻璃全部贴紧，压条与型材的接缝处应无明显缝隙，接头缝隙应小于等于 1mm。

验收时应先判断门、窗框垂直度误差是否超标，门、窗框应横平竖直、高低一致。对角线长度在 2m 以内时，垂直度误差应小于 3mm；对角线长度大于 2m 时，垂直度误差应小于 5mm。窗高 2m 以内时，垂直度误差应小于 2mm；窗高大于 2m 时，垂直度误差应小于 3mm。其次应审核排水是否通畅，外框下框和轨道底部应有排水孔，位置要准确，同时还要通畅（图 5-23 ～图 5-25）。

图 5-22　开关门窗
↑推拉窗反复多次用力开启关闭，边框与墙体之间应无缝隙或松动。

图 5-23　锁具
↑锁具安装紧密，螺钉固定牢固，无间隙或松动。

图 5-24　铰链
↑平开窗反复多次用力开启关闭，铰链应无松动或摩擦噪声。

图 5-25　拉手
↑拉手关闭开启阻力均衡，开启后能保持定位角度固定。

4. 检查是否存在渗透现象

检查所有门、窗框附近的墙面有无渗水情况，需要安装安全护栏的窗户，安全护栏是否安装牢固。此外，还需检查所有玻璃表面是否有划伤、破损等情况，门窗上是否安装中空玻璃，中空玻璃是否有漏气等，没有安装中空玻璃的门窗，则要求提供设计说明（图 5-26、图 5-27）。

5.4.3　给水排水

交房时给水排水工程验收主要检查给水排水管安装的规范性，检查给水排水管接头的严密性，看否有渗漏水的现象。注意楼道内水表房中的水表、地漏、排水管是否通畅。主要验收要点如下：

（1）检查给水排水管的品牌与规格，是否符合卫生标准、安全标准。给水管主要为 PP-R 管，排水管主要为 PVC 管，认清这些管道上的标识与型号（图 5-28、图 5-29）。

图 5-26　构件接缝
↑窗户型材构件之间的衔接应当紧密，结构胶粘贴部位应当牢固，无脱落或干裂痕迹，否则会有渗水漏水的隐患。

图 5-27　门窗玻璃
↑门窗玻璃安装紧密，结构胶粘贴牢固且有弹性。

图 5-28　PP-R 管
↑ PP-R 管入户后多联通至用水空间，如厨房、卫生间、阳台等，主要查看管道上标识的规格型号，方便后期装修能轻松对接。

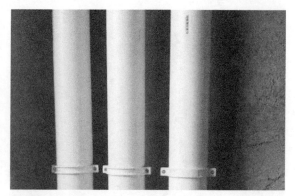

图 5-29　PVC 管
↑ PVC 管主要集中在用水空间的边角部位，主要查看管道上品牌，使用上是否具有耐久性。

（2）检查水管的连接处是否严密，是否有漏渗水现象，安装布管要牢固，水管过墙的套管四周一定要有防火、防水材料处理（图 5-30、图 5-31）。

（3）检查水表有无质量问题，水表是否有防护罩，打开水龙头检验表数的记录是否正常（图 5-32）。

图 5-30　排水管上的防火圈
↑主排水立管上应当有防火圈，保障供水消防安全。

图 5-31　地漏周边防水涂料
↑地漏周边应当涂刷有防水涂料，防止漏水、渗水。

图 5-32　水表井
↑水表井内安装水表与阀门应当安装整齐，数据归零，运行正常。

（4）检查给水管入户的布设与走向，地面、墙面是否有标记，以免后期装修被意外破坏（图5-33）。

（5）检查厨房、卫生间、阳台等处顶部给水排水管与周边是否存在渗透，发现问题及时通知开发商整改维修（图5-34、图5-35）。

图5-33 地面走向标记
↑检查给水管在地面上的走向标记，防止后期装修破坏。

图5-34 顶面管道布置
↑大多数卫生间为下沉式，也有少数非下沉式卫生间能看到顶面管道布置，检查管道布置是否整齐一致，无渗漏痕迹。

图5-35 管口渗透填补
↑如有渗漏，附近墙面上会有渗漏痕迹，应当及时通知开发商整改。

5.4.4 强弱电

强电是指供电电源线，弱电是指网络、信号线，两者分别安装在室内对应的配电箱中。主要验收要点如下：

（1）验房主要检查强弱电电箱布置是否合理，电箱内的电源线、网线、电话线、有线电视线是否铺设到位（图5-36～图5-38）。

图5-36 强弱电电箱位置
↑强弱电电箱位置应当分离，强电电箱应位于高处，距离地面大于1800mm，弱电电箱应位于低处，距离地面大于600mm。

图5-37 强电电箱
↑强电电箱内安装有空气开关，且带有漏电保护器。

图5-38 弱电电箱
↑弱电电箱内有电源线、光纤、有线电视线等。

（2）楼道中电表井内的电表与电路安装是否合理，穿线管有无护口。认清电源线径、规格型号，尤其注意接地线的线径与连接是否合理；电箱内有无漏电保护空气开关（图5-39）。

（3）查看插座开关位置设置是否合理，检查零线、火线、地线回路设置是否合理，路数是否足够（图5-40）。

（4）检查卫生间、厨房等用水空间有无漏电保护的等电位联结端子箱（图5-41）。

图5-39 电表箱
↑楼道中电表井内的电表应安装正确，电线线径为10mm²，分为零线（蓝色）、火线（红色）、地线（黄绿交替色），并安装空气开关。

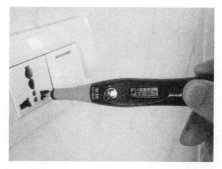

图5-40 试电笔
↑用试电笔测试插座面板中的火线（右侧孔），能看到试电笔上亮灯。

图5-41 等电位联结端子箱
↑等电位联结端子箱是卫生间、厨房墙面不可缺少的装置，后期装修会将给水管出水口端的金属螺口部件联结到该箱内，由该箱统一连接至配电箱的地线接口处。

5.4.5 其他设施

在厨房或厨房相邻的阳台上查看是否安装有燃气表与燃气管道，安装是否紧密、牢固（图5-42）。查看排烟道的排烟口是否严密，有无漏风现象（图5-43）。我国北方地区的住宅还配有供暖设施，这些都要仔细检查是否存在漏水、漏气的隐患（图5-44）。

图5-42 燃气表与燃气管道
↑燃气表应当安装在通风、明亮的区域，在后期使用中方便检测，排烟道外观造型垂直，无开裂现象。

图5-43 排烟道测试
↑点燃报纸后生成烟雾，观察烟雾流向，烟雾不应被排烟口流出的空气吹向室内空间。

图5-44 散热器
↑散热器安装平整，管道连接紧密，地面管道做好防护，散热器外部包裹有保护膜。

5.5 精装房验收

目前，在我国中大型城市，不少品牌房地产开发商都在推出精装房，精装房在交房时会对厨房、卫生间进行全部装修，安装全套设备，并对客厅、餐厅、卧室、书房等空间进行基础装修。虽然不同开发商对精装房的装修程度不同，但是精装房已经成为一种趋势，需要在验房时重点关注装修细节。我国目前没有关于精装房的国家标准规范，精装修交付标准都由房地产开发商自行决定，装修标准会在购房合同或合同附件中标明，应严格按照合同约定来验收。

5.5.1 墙面验收

1. 检查墙面外观

检查墙面的颜色是否均匀，墙面是否平整，是否有裂缝等。用目测的方法检查墙面颜色是否均匀。用手触摸来检查墙面的平整度与裂缝，尤其是在检查承重墙与楼板时，注意是否有受重裂缝或贯穿性裂缝。在检查承重墙与楼板是否受重力产生裂缝时，可打开灯来检测，墙面与楼板的情况会更加直观、明了（图 5-45 ~ 图 5-48）。

2. 检查墙角的偏差与墙面的平整度

检查墙角的偏差与墙面的平整度，这两项指标除了能检查墙面的外观，还能检查出墙面的结构是否有问题。

检验方法为用水平尺贴在墙面上，查看水平尺与墙面是否贴合，但要进一步提高验收要求，水平尺与墙面的缝隙应小于1mm。此外，还可以采用更简单的方法来检查（图 5-49）。

↓白色墙面很容易看出裂纹，宽度小于0.2mm 的细小裂纹不影响正常使用，白色墙面应当不反光，白色的显色性稍偏暖，颜色偏冷且刺眼表明乳胶漆质量很差。

图 5-45　彩色墙面
↑彩色乳胶漆多搭配白色踢脚线，乳胶漆涂装浑厚，无脱落、开裂。

图 5-46　白色墙面

图 5-47　墙面开裂
↑较明显的不规则裂纹主要为墙体结构开裂或腻子基层开裂，前者为建筑基础存在一定程度沉降，或砌筑质量不佳，后者为腻子材料配比不佳或材料存在质量问题，需要开发商整改。

图 5-48　墙面脱皮
↑墙面脱皮大多数原因在于墙面渗水漏水，需要在墙体另外一侧制作防水层，内墙也要保持干燥。

图 5-49　检查墙角
↑采用一张银行卡紧贴墙角部位，卡的边角为垂直状态，卡两边能紧贴墙角则表明墙角垂直度较高。

5.5.2 地面验收

1. 地面外观检查

在铺贴地板和地砖的精装房，容易因施工不慎而刮花或损坏表面。因此，在验收地面装修时，首先需要对地面外观进行检查，查看是否有色差、裂缝等问题出现（图5-50）。

2. 地面平整度检查

地面平整度检查很有必要，如果地面的平整度有明显的误差，极有可能是房屋本身的结构出现问题，或者在装修过程中，地面处理出现严重错误造成的（图5-51）。

图5-50 目测

↑站在离测量地砖较远的位置，对光目测地面，看地砖颜色是否均匀，有无色差与刮痕。查看砖面是否有异常污染，如水泥、油漆等。注意检查地面时，须在光线充足的情况下才能准确检查，一般选择白天有自然光照射情况下检查。

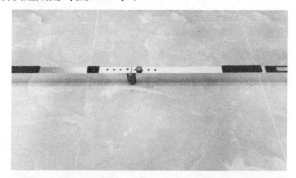

图5-51 水平尺检测

↑通过水平尺上显示的刻度，确定地面平整度。一般地砖铺贴表面平整度允许偏差为2mm，而地板平整度允许偏差为3mm。

3. 地砖坡度检查

地砖表面的坡度应该符合设计的要求，坡度检查主要涉及地砖铺贴工艺，卫生间的地砖应有足够的自排水坡度，坡度应到达不泛水、不积水的要求。地砖坡度不合要求，影响到正常去水，会导致地面经常积水，严重影响生活。

验收地砖坡度可以采用泼水来检验自排水效果，卫生间的坡度应该向地漏歪斜，以便水流更快流淌，更快排水。此外，泼水时还应观察地面流水是不是快速流尽，同时注意看瓷砖是不是产生渗漏。在检查地面是不是渗漏时，建议数次泼水检查，每次应当多观察一段时间（图5-52）。

5.5.3 构造验收

1. 房门验收

对房门进行开启与闭合测试，确定能十分顺畅地开关。检查门与边框是否留有较大空隙，是否影响使用。查看表面漆膜是否平滑、光亮，有无流坠、气泡、皱纹等质量缺陷；查看饰面板的色差是否大，花纹是否一致，有没有腐蚀点、死节、破残等问题（图5-53）。

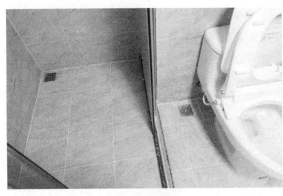

a）方形地漏 b）条形地漏

图 5-52 地面坡度

↑地砖铺贴的坡度应当集中在地漏处，地漏位于卫生间边角，能集中排水。地漏安装的位置应当是地面坡度的最低处，能让水快速流淌至地漏处排出，条形地漏的聚水性能更好，能提高排水速度。

a）表面造型 b）门锁 c）铰链

图 5-53 房门

↑观察表面油漆或装饰层，应当无划痕或残缺。门锁安装紧密无松动，开启关闭的助力均匀细腻，无噪声。铰链安装整齐，角度统一，开关旋转质地均匀。

2. 厨卫设备验收

查看油烟机、橱柜、洁具、开关插座与购房合同上的品牌、型号是否相同。检查器具是否存在质量问题，开合是否顺畅以及五金件是否破损等（图 5-54）。

a）缝隙 b）嵌入式设备 c）柜体内部

图 5-54 橱柜设备

↑橱柜中各种材料之间的缝隙均衡，嵌入式设备使用功能正常，柜体内部平整，无裂缝或破损，五金件开合力度均匀。

3. 家具验收

检查家具每个构件之间的连接点的合理性和牢固度。整体结构的家具，每个连接点，包括水平、垂直结构之间的连接点必须密合，不能有缝隙，不能松动。检查家具结构是否合理，框架是否端正、牢固，要检查家具的垂直度及翘曲度。家具不光要美观，更重要的是实用。家具的尺寸是否符合人体工程学原理，是否符合规定的尺寸，决定着家具用起来方便与否（图5-55）。

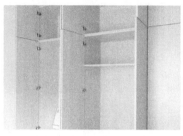

a）开启柜门

b）抽屉缝隙

c）边角细节

图5-55　集成家具

↑集成家具柜门开关正常，各铰链安装高度统一。抽屉之间的缝隙完全一致，在视觉上没有宽窄差异。家具边角裁切整齐细致，无裂缝或破损。

4. 玻璃验收

对于已经封闭阳台的精装房，尤其是7层及7层以上的住宅，外墙使用面积大于1.5m²的玻璃，且玻璃底边距离地面小于500mm的落地玻璃，必须使用安全玻璃，注意检查玻璃边框是否带有3C标志，假若玻璃不合格，将会有很大的安全隐患（图5-56）。

5. 阳台栏杆验收

栏杆净高度不应小于1050mm，竖杆间距不应小于110mm（图5-57）。护栏如果为玻璃，应使用安全玻璃，卡尺测量厚度不小于16mm，否则有安全隐患。

6. 新风系统验收

查验新风系统的外观是否有太大缝隙；检查风量，开机时留意每个出风口是否都有气流吹出，回风口能否顺利回风等，可在风口放纸条测试（图5-58）。

验收完毕签署验房单，如有不合格的地方，依次记录在签署验房单上，要求开发商整改。

图5-56　玻璃

↑中空玻璃边角上应有3C标志和品牌标志，且图形、文字清晰锐利。

图5-57　阳台栏杆

↑检查阳台栏杆的质量与高度，是否符合住宅质量要求，要杜绝安全隐患。

图5-58　新风系统

↑检查新风系统的外观是否有划痕及每个出风口是否能正常运作等。

第6章

装修风格设计

识读难度： ★★★☆☆

重点概念： 现代简约风格、混搭风格、
中式风格、欧式风格、东南亚风格、
地中海风格、美式风格、田园风格

章节导读： 风格流派一直都是装修的"灵魂"，没有风格或风格混乱都会让设计显得杂乱无章，要提升设计的品位与持久力，就应当在设计中注入风格。在现代装修工程中，比较流行的风格主要有现代简约风格、混搭风格、中式风格、欧式风格、东南亚风格、地中海风格、美式风格、田园风格等。

6.1 现代简约风格

现代简约风格讲究空间开敞、内外通透。室内墙面、地面、顶棚、家具陈设、灯具器皿等均以简洁的造型、纯洁的质地、精细的工艺为特征。尽可能不用装饰并取消多余的东西，常选用简洁的工业产品，玻璃、金属多被使用。

6.1.1 材料

1. 复合地板

现代简约风格不同于其他风格，其他风格通常会在客厅及餐厅的地面设计瓷砖或大理石地砖，而现代简约风格则是将复合地板满铺在客厅、餐厅的区域，常以浅色系的地板为主，并搭配简洁的墙面造型（图6-1）。

2. 木饰墙面

木饰墙面通常造型简洁，多设计在客厅的电视背景墙或其他集中展示装饰的位置，主要是以大面积的木饰面纹理搭配不锈钢收边条，从而结合成整体的装饰（图6-2）。

3. 玻璃

玻璃可以塑造空间与视觉之间的丰富关系。如雾面玻璃与图案的随意组合最能体现出具有现代简约风格的空间变化（图6-3）。

图6-1　复合地板
↑ 125 ~ 150 元 /m²

图6-2　木饰墙面板
↑ 100 ~ 120 元 / 张

图6-3　装饰玻璃
↑ 45 ~ 60 元 /m²

4. 珠线帘

在现代简约风格的居室中可以选择珠线帘代替墙和玻璃，珠线帘作为轻盈、透气的软隔断，既能划分区域，又不影响采光，同时也能体现出居室的美观性（图6-4）。

5. 纯色涂料

纯色涂料是装修施工中常见的装修涂料，其色彩丰富、易于涂刷。现代简约风格中常用纯色涂料将空间塑造得干净、通透（图6-5）。

6. 黑镜

黑镜的造型通常以竖条的形式出现，主要通过结合白色的墙面石膏板造型，使墙面形成黑白的对比色（图6-6）。

图 6-4　珠线帘
↑ 55 ~ 70 元 /m²

图 6-5　纯色涂料
↑ 120 ~ 150 元 /L

图 6-6　黑镜
↑ 80 ~ 100 元 /m²

6.1.2　家具

1. 造型茶几

现代简约风格多选择造型感较强的茶几作为装饰元素，在功能上方便人们的日常使用，而具有流动感的现代造型也可成为空间装饰的一部分（图6-7）。

2. 沙发

根据人体工程学设计的沙发具有舒适的坐卧感，且在造型上具备优美的弧线。材质多采用具有时尚感的皮革包裹，摆放在客厅中，同样可以成为空间的装饰（图6-8）。

图 6-7　造型茶几
↑ 500 ~ 600 元 / 件

图 6-8　沙发
↑ 1300 ~ 1500 元 / 件

3. 布艺沙发

布艺沙发多采用纯色系面料，不采用大花纹或条纹的纹理，沙发从造型到内部构造都以舒适度为主，整体造型既简洁又富有美感（图6-9）。

4. 板式家具

追求造型简洁的特性使板式家具成为现代简约风格的最佳搭

配伙伴，其中以茶几和电视机背景墙的装饰柜为主（图6-10）。

图6-9　布艺沙发
↑ 3100 ～ 3300 元 / 套

图6-10　板式家具
↑ 4000 ～ 4200 元 / 组

5. 多功能家具

面积有限的中小户型多会选择简约的设计，因此，在选择家具时，建议选择多功能家具，实现一物两用甚至多用（图6-11）。

6. 直线型家具

现代简约风格在家具的选择上延续了空间的直线条，直线型的家具不会占用过多的空间面积，同时也十分实用（图6-12）。

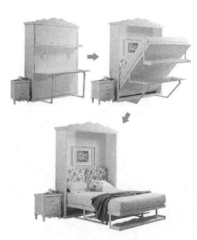

图6-11　多功能家具
↑ 3300 ～ 3500 元 / 套

图6-12　直线型家具
↑ 2950 ～ 3200 元 / 套

6.1.3　装饰元素

1. 抽象艺术画

抽象艺术画以抽象派画法为主，画面上充满了各种鲜艳的颜色。抽象艺术画悬挂在现代简约风格的空间中，既能使空间增添时尚感，同时也能提升空间的视觉观赏性，体现空间主人的艺术品位（图6-13）。

2. 无框画

无框画没有边框，很适合现代简约风格的墙面造型设计。将无框画悬挂在墙面，可以与墙面的造型很好地融合在一起，同时也能有效增强空间设计的整体效果（图 6-14）。

3. 黑白装饰画

黑白装饰画配色简洁，画面虽然简单，却十分经典，选购时尽量选择单幅作品，一组之中最多不要超过三幅（图 6-15）。

图 6-13　抽象艺术画
↑ 500 ～ 700 元 / 组

图 6-14　无框画
↑ 250 ～ 350 元 / 组

图 6-15　黑白装饰画
↑ 250 ～ 300 元 / 组

4. 时尚灯具

如不锈钢材质的落地灯、线条简洁硬朗的装饰灯，对空间起到辅助性照明作用的同时，还能起到装饰作用。时尚灯具的装饰性大过其本身的功能性（图 6-16）。

5. 金属工艺品

金属工艺品的造型十分丰富，或是人物的抽象造型，或是某种建筑的微缩模型等，其表面金属光泽十分亮眼，多摆放在现代简约风格的客厅及书房等区域，能提升空间的趣味性（图 6-17）。

图 6-16　时尚灯具
↑ 280 ～ 350 元 / 盏

图 6-17　金属工艺品
↑ 600 ～ 700 元 / 件

案例：现代简约风格设计图纸与预决算
↑这是一套建筑面积约 52m² 的小户型住宅，含卧室、客厅、餐厅、厨房、卫生间，另含朝北的阳台一处。作为刚进入职场的年轻人与刚迈入婚姻的年轻夫妇，这里更承载着对美好生活的憧憬与寄托，是心里最温馨的港湾。通过改造设计后，能使面积得到充分利用，同时，也能打造出适合现代年轻人生活方式的时尚空间。可按本书前言中所述方式获取案例电子文件。

6.2 中式风格

中式风格主要包括中式古典风格和新中式风格两种，各具特色和代表性（图6-18、图6-19）。

图 6-18　中式古典风格客厅
↑中式古典风格是以中国宫廷建筑为元素的室内装饰设计艺术风格，在室内布置、线形、色调及家具的陈设、造型等方面，汲取传统装饰"形""神"的特征，家具的选用与摆放是其中最主要的内容。

图 6-19　新中式风格客厅
↑新中式风格装修的主材往往取材于自然，如用来代替木材的装饰面板、石材等，尤其是装饰面板，最能够表现出新中式风格浑厚的韵味。装修时应多预留出实木等材料的预算支出。但也不必拘泥，只要熟知材料的特点，就能够在适当的地方用适当的材料，即使是玻璃、金属等，一样可以展现出新中式风格的特色与魅力。

6.2.1　材料

1. 木材

木材可以充分发挥其特性，创造出独特的木结构，体现传统中式建筑的美；同时，木材还适用于墙面、地面和家具（图6-20）。

2. 中式青砖

中式青砖给人以素雅、沉稳、古朴、宁静的美感，艺术形态以中国传统典故为元素，因此在中式古典风格中运用比较频繁（图6-21）。

3. 花鸟鱼草图案壁纸

花鸟鱼草图案具有传统意韵，它所具有的生动形态可以丰富空间的视觉层次。因此，被广泛地运用在墙面壁纸的设计中，主要可用于搭配墙面的实木造型（图6-22）。

4. 天然石材

选择纹理丰富且独具特色的天然石材，满铺客厅地面，或是搭配实木材质设计在电视机背景墙上，既能使天然石材的质感充分地发挥出来，同时也能提升新中式风格的时尚感（图6-23）。

5. 不锈钢材质

新中式风格除使用大量的实木材质外，常使用不锈钢材质设计墙面造型。例如，在墙面粘贴的石材四周包裹不锈钢，使不锈钢与石材的硬朗质感良好地融合在一起（图6-24）。

图6-20 木材
↑ 260 ~ 400 元 /m²

图6-21 中式青砖
↑ 1 ~ 2 元 / 块

图6-22 花鸟鱼草图案壁纸
↑ 200 ~ 230 元 / 卷

图6-23 天然石材
↑ 460 ~ 650 元 /m²

图6-24 不锈钢材质
↑ 25 ~ 28 元 /m

6.2.2 家具

1. 中式组合沙发

中式组合沙发既具有深厚的历史文化艺术底蕴，又具有典雅、实用的特性。在中式古典风格中，中式组合沙发已成为不可或缺的元素（图6-25）。

2. 条案家具

条案家具形式多种多样，基本可分为高几和矮几。另外，案类家具造型古朴方正，可以令空间体现出高洁、典雅的意蕴（图6-26）。

3. 实木榻

实木榻是中国古典家具的一种，狭长低矮，比较轻便，可坐可卧，是古时常见的木质家具，材质多种多样（图6-27）。

111

图 6-25　中式组合沙发
↑ 7300 ~ 7500 元 / 套

图 6-26　条案家具
↑ 600 ~ 800 元 / 件

图 6-27　实木榻
↑ 4780 ~ 5000 元 / 件

4. 博古架

博古架或倚墙而立，装点空间；或隔断空间，充当屏障，同时还可以陈设各种古玩器物，点缀空间提高整体品味（图 6-28）。

5. 架子床

架子床结构精巧、装饰华美，多以民间传说、花马山水等为题材，含和谐、平安、吉祥、多福等寓意（图 6-29）。

6. 太师椅

太师椅是中式家具中唯一用官职来命名的椅子，最能体现中式家具的造型特点，用料厚重、宽大夸张、装饰繁缛（图 6-30）。

图 6-28　博古架
↑ 2000 ~ 2200 元 / 组

图 6-29　架子床
↑ 3300 ~ 3600 元 / 件

图 6-30　太师椅
↑ 1200 ~ 1500 元 / 件

6.2.3　装饰元素

1. 宫灯

宫灯是汉族传统手工艺品之一，充满宫廷的气派，可以令中式古典风格的空间显得雍容华贵（图 6-31）。

2. 中式屏风

中式屏风为汉族传统家具，适合摆放在空间较大的客厅，一般陈设于室内的显著位置，起到分隔、美化、挡风等作用（图 6-32）。

3. 木雕花壁挂

木雕花壁挂具有文化韵味和独特风格，既可以体现出中国传统家居文化的独特魅力，也可以作为装饰画起到一定的装饰作用（图6-33）。

图 6-31　宫灯
↑ 400 ~ 600 元 / 件

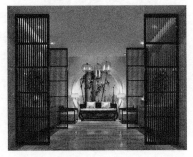

图 6-32　中式屏风
↑ 1500 ~ 1800 元 / 组

图 6-33　木雕花壁挂
↑ 600 ~ 800 元 / 件

4. 文房四宝

我国传统文化中的文书工具，即笔、墨、纸、砚，既具有实用功能，又能令空间充分彰显出中式古典风格的风情与魅力（图6-34）。

5. 青花瓷器具

青花瓷在明代就已成为瓷器主流，在中式古典风格的家居中，摆上几件青花瓷器具，可将中国文化的精髓充盈于整个空间，令环境韵味十足（图6-35）。

6. 茶具

在我国古代的史料中，就有茶的记载，饮茶也已成为人们喜爱的一种生活习惯。在新中式风格家居中摆放上一套茶具，可以传递雅致的生活态度（图6-36）。

7. 花鸟题材水墨装饰画

花鸟图装饰画不仅可以将中式古典风格展现得淋漓尽致，也因其丰富的色彩，而令新中式家居空间变得异常美丽（图6-37）。

图 6-34　文房四宝
↑ 100 ~ 120 元 / 套

图 6-35　青花瓷器具
↑ 650 ~ 800 元 / 件

图 6-36　茶具
↑ 100 ~ 300 元 / 套

图 6-37　花鸟题材水墨装饰画
↑ 150 ~ 220 元 / 幅

6.2.4 布艺织物

1. 中式纹理窗帘

在新中式风格的窗帘选择中，为搭配空间内时尚的墙面造型，窗帘的样式会选择带有中式纹理的窗帘，但窗帘的主色应以沉稳的素色系为主，这样窗帘样式在体现新中式主题的同时，也不会令空间过于杂乱（图6-38）。

2. 竹木纹理地毯

地毯上的编织纹理一般为竹木的样式，颜色或艳丽，或深沉，铺设在卧室的床铺下，能为卧室空间增添更浓郁的中式元素（图6-39）。

图6-38 中式纹理窗帘
↑ 30 ~ 50 元/m

图6-39 竹木纹理地毯
↑ 550 ~ 800 元/m²

3. 中式纹理桌布

桌布多铺设在餐桌、书桌及一些矮柜上面，用以遮挡灰尘，便于清洁，而带有中式纹理的桌布除了防尘、防污的功能之外，其精美的纹理也具有一定装饰效果（图6-40）。

4. 山水题材壁挂织物

壁挂织物作为空间的装饰品之一，可给人柔软的视觉感受，而山水题材的壁挂织物更能传达出中式风格的文化气息。将山水题材壁挂织物悬挂在墙面，可增添新中式风格的时尚感（图6-41）。

案例：中式风格设计图纸与预决算

↑这是一套建筑面积约90m²的三居室户型，含卧室两间、卫生间两间，书房一间，客厅、餐厅、厨房各一间，朝北面的阳台一处。除了卫生间与厨房，其他部分都没有用隔墙分隔，这使得室内大部分空间不受隔墙的限制，且能自由地重新分配区域，这种格局既省去了拆墙的时间，也节约了装修经费。通常三口之家两间卧室就足够了，另外一间房间准备作为书房使用，这样家中便能够有一个单独的可供学习和工作的独立空间。可按本书前言中所述方式获取案例电子文件。

图6-40 中式纹理桌布
↑ 50 ~ 80 元/块

图6-41 山水题材壁挂织物
↑ 300 ~ 400 元/块

6.3 地中海风格

地中海风格具有亲和力，带有田园风情与柔和色调，设计搭配上的混合度很高。地中海风格能被地中海以外的多数区域的人群所接受。物产丰饶、长海岸线、建筑风格的多样化、日照强烈等因素使得地中海风格具有自由奔放、色彩多样且明亮的特点。

6.3.1 材料

1. 蓝白色块马赛克

蓝白色块错落拼贴的马赛克常运用在砌筑洗手台、客厅电视机背景墙、厨房弧形垭口等地方，这种蓝白色块拼贴的马赛克具有较好的装饰效果，能使空间中的地中海风格更浓郁（图 6-42）。

2. 白灰泥墙

白灰泥墙在地中海装修风格中也是比较重要的装饰材质，不仅因为其白色的纯度色彩与地中海的气质相符，也因其自身所具备的凹凸不平的质感，能令空间呈现出地中海建筑所独有的观感（图 6-43）。

图 6-42 蓝白色块马赛克
↑ 180 ~ 200 元 /m²

图 6-43 白灰泥墙
↑ 40 ~ 50 元 /m²

3. 海洋风壁纸

壁纸从色彩搭配和纹理样式上都遵循了典型的地中海风格的装饰特点，形成了具有海洋风特色的壁纸。这类壁纸粘贴在墙面的效果十分出众，能与空间内的家具、装饰品、布艺窗帘等很好地搭配在一起（图 6-44）。

4. 花砖

花砖的尺寸有大有小，常规的尺寸以 300mm×300mm、

600mm×600mm 等规格的较多，可用于卫生间地面铺贴，或铺贴于马桶后面的墙上，也可用于楼梯，能很好地提升空间的装饰效果（图 6-45）。

5. 圆润实木

圆润实木通常涂刷天蓝色的木器漆，可用于设计中做旧处理的客厅的顶面、餐厅的顶面等区域，能很好地烘托出地中海风格的自然气息（图 6-46）。

图 6-44　海洋风壁纸
↑ 120 ~ 150 元 /m²

图 6-45　花砖
↑ 150 ~ 180 元 /m²

图 6-46　圆润实木
↑ 600 ~ 850 元 /m²

6.3.2　家具

1. 船形装饰柜

船形装饰柜是最能体现出地中海风格的家居元素之一，其独特的造型既能为家中增加一份新意，也能令人体验到来自地中海的海洋风情。在家中摆放一个船型装饰柜，浓浓的地中海风情便呼之欲出（图 6-47）。

2. 条纹布艺沙发

条纹布艺沙发的体形不大，小客厅的空间也能轻松地摆下。沙发的布艺采用条纹纹理，普遍以纯度较高的色彩为主，如蓝白条纹、黄色条纹等。布艺沙发的坐卧感舒适，与空间内的其他设计能很好地搭配在一起（图 6-48）。

3. 白漆四柱床

四柱床通体刷白色木器漆，床的四角分别凸出四个造型圆润的圆柱，搭配条纹床品，这便是典型的地中海风格的白漆四柱床（图 6-49）。

6.3.3　装饰元素

1. 拱形窗

地中海风格中的拱形窗在色彩上一般运用其经典的蓝白色，且镂空的铁艺拱形窗也能很好地呈现出地中海风情（图 6-50）。

2. 地中海吊扇灯

地中海吊扇灯是灯和吊扇的完美结合，既有灯的装饰性，又有风扇的实用性，可以将古典美和现代美完美地凸显出来，常用于餐厅与餐桌及座椅搭配使用，装饰效果十分出众（图6-51）。

图 6-47　船形装饰柜
↑ 350 ～ 520 元 / 个

图 6-48　条纹布艺沙发
↑ 4080 ～ 4200 元 / 组

图 6-49　白漆四柱床
↑ 2500 ～ 2800 元 / 套

图 6-50　拱形窗
↑ 500 ～ 700 元 / 组

图 6-51　地中海吊扇灯
↑ 600 ～ 800 元 / 件

3. 铁艺装饰

无论是铁艺烛台、铁艺花窗还是铁艺花器，都可以成为地中海风格家居中独特的装饰，将这些铁艺装饰摆放在木制的地中海风格的家具上，往往能取得较好的装饰效果（图6-52）。

4. 贝壳、海星等海洋装饰

贝壳、海星这类装饰元素在细节处为地中海风格增添了活跃、灵动的气氛。例如，可将海洋装饰错落地悬挂在白灰泥墙的表面，将较大的海洋装饰摆放在做旧处理的柜体上等（图6-53）。

5. 船、船锚等装饰

将船、船锚形状的装饰品摆放在家居中的角落，倚靠在电视机背景墙的电视柜上或摆放在书房内的船型书柜上，尽显新意的同时，也能将地中海风情渲染得淋漓尽致（图6-54）。

6.3.4　布艺装饰

1.蓝白条纹座椅套

座椅套一般套在木制的座椅上，或是铺在桌面上，这种布艺织物既能方便卫生清洁，又能有效延长家具的使用寿命。蓝白条纹座椅套的经典纹理可以与地中海风格完美地融为一体，能使空间增添浓郁的海洋气息（图6-55）。

2.海洋风格窗帘

窗帘的色彩较明快，通常以使人看起来舒适的天蓝色为主，而窗帘的纹理并不明显，多以简洁的窗帘样式来烘托空间内的家具、墙面的造型与装饰品等（图6-56）。

图 6-52　铁艺装饰
↑ 80 ~ 120 元 / 件

图 6-53　海洋装饰
↑ 20 ~ 30 元 / 件

图 6-54　船、船锚等装饰
↑ 120 ~ 150 元 / 件

图 6-55　蓝白条纹座椅套
↑ 150 ~ 180 元 / 套

图 6-56　海洋风格窗帘
↑ 60 ~ 75 元 /m

3.丝绸床品

地中海风格的主要特点是带给人轻松的、自然的空间氛围，因此床品的材质通常采用丝绸制品，并搭配轻快的地中海经典配色，营造清凉的氛围，似迎面扑来一股柔和的、微凉的海风

（图 6-57）。

4. 抱枕

地中海风格的抱枕总是带有清新的色彩组合，但又与沙发的布艺有明显的区别，这些色彩鲜艳的抱枕能吸引人的视线，同时也能很好地装饰空间（图 6-58）。

图 6-57　丝绸床品
↑ 500 ～ 600 元 / 套

图 6-58　抱枕
↑ 35 ～ 60 元 / 件

案例：地中海风格设计图纸与预决算
↑ 这是一套建筑面积约 140m² 的三居室户型，含卧室三间、卫生间两间，客厅、餐厅、厨房各一间，朝南、朝北的阳台各一处。年轻业主初为人父母，与父母同住。装修设计时，不仅要考虑到年轻人的作息习惯，还要兼顾老人和孩子的日常起居规律。虽然孩子还小，还不需要有单独的卧室，但备一间独立的儿童卧室还是有必要的。此外，家中可能偶尔还会有客人暂住，因此还需要设置一间客房。可按本书前言中所述方式获取案例电子文件。

6.4　混搭风格

混搭风格糅合东西方美学精华元素，将古今文化内涵完美地结合于一体，充分利用空间形式与材料，创造出个性化的空间环境，但混搭并不是简单地将各种风格的元素放在一起做加法，而是将它们有主有次地组合在一起。混搭是否成功，关键看搭配是否和谐。在混搭风格的一些设计与家具采购中，可以选择小件的、有品质的装饰品提升空间的品位，以节省总支出。

6.4.1　材料

1. 中式仿古墙

装修时可以在现代风格的空间中设计一面中式仿古墙，既区别于新中式风格，又可以令混搭风格的空间独具韵味（图 6-59）。

2. 石膏雕花

直线条的流畅感搭配雕花工艺的繁复感，可以令混搭风格的空间环境变得丰富多彩。例如，选择石膏雕花搭配中式实木装饰条的吊顶设计，既能丰富吊顶的材质变化，同时也能提升混搭风格的韵味（图 6-60）。

3. 深色实木装饰条

深色实木装饰条可以设计在混搭风格的吊顶中，以搭配吊顶的造型；可以设计在墙面上，搭配欧式风格的壁纸。这样设计出来的混搭风格空间，具有沉稳的古朴质感（图 6-61）。

图 6-59 中式仿古墙
↑ 60 ～ 70 元 /m²

图 6-60 石膏雕花
↑ 260 ～ 300 元 / 件

图 6-61 深色实木装饰条
↑ 15 ～ 18 元 /m

6.4.2 家具

1. 现代家具搭配中式古典家具

混搭风格的空间中，现代家具与中式古典家具相搭配的手法十分常见，但中式家具不宜过多，否则会令空间显得杂乱无章（图 6-62）。

2. 美式家具搭配工业风家具

通常采用美式风格的三人座沙发，搭配工业风格的单人座椅，这种组合的混搭风格设计，可以带给人舒适的坐卧感受（图 6-63）。

3. 欧式茶几搭配现代皮革沙发

欧式茶几搭配现代皮革沙发的关键在于，欧式茶几的色调需要和现代皮革沙发的色调保持一致，并且欧式茶几不可太大，不然会抢占现代皮革沙发的摆放面积，并且从茶几上拿东西也不方便（图 6-64）。

图 6-62 现代家具搭配中式古典家具
↑ 6300 ～ 6500 元 / 套

图 6-63 美式家具搭配工业风家具
↑ 4300 ～ 4500 元 / 套

图 6-64 欧式茶几搭配现代皮革沙发
↑ 4800 ～ 5000 元 / 套

6.4.3 装饰元素

1. 搭配中式家具的现代装饰画

混搭风格的空间中先摆放典雅的中式家具，然后在其墙面或者家具上或挂或摆放现代装饰画，这样的装饰手法非常讨巧，其中现代装饰画的边框最好以木框为材料（图 6-65）。

2. 现代灯具搭配中式元素

选择一盏具有现代风格的灯具来定义空间的前卫与时尚，之后在空间内加入一些中式元素，如中式木挂、中式雕花家具等（图 6-66）。

3. 现代工艺品搭配中式工艺品

现代工艺品的时尚感与中式工艺品的古典美，可以令混搭风格的空间格调独具品位（图 6-67）。

图 6-65 现代装饰画
↑ 150 ～ 200 元 / 组

图 6-66 现代风格灯具
↑ 500 ～ 600 元 / 件

图 6-67 现代工艺品搭配中式工艺品
↑ 80 ～ 120 元 / 件

4. 民族工艺品搭配现代工艺品

民族工艺品一般设计手法独具特色，具有很强的装饰性，搭配现代工艺品，主次分明，令混搭风格的空间不显杂乱（图 6-68）。

5. 中式工艺品搭配欧式工艺品

中式工艺品与欧式工艺品的装饰特征均十分明显，可以令混搭风格的家居显得艺术感十足，且能有效增强空间的层次感（图 6-69）。

图 6-68 民族工艺品搭配现代工艺品
↑ 150 ～ 200 元 / 套

图 6-69 中式工艺品搭配欧式工艺品
↑ 350 ～ 400 元 / 套

案例：混搭风格设计图纸与预决算
↑ 这是一套建筑面积约 90m² 的三居室户型，含卧室三间、卫生间一间，客厅、餐厅、厨房各一间，朝北面的阳台一处。房子是砖混结构的，房型也属于传统的老式三房两厅户型。原本的三口之家变成五口之家了，对于只有 90m² 左右的建筑面积来说，改造时依旧保留三间卧室，父母一间、年轻夫妻一间，还有一间作为儿童房。可按本书前言所述方式获取案例电子文件。

6.5　田园风格

田园风格大约形成于 17 世纪末，人们看腻了奢华风格，转而向往清新的乡野风格。田园风格在室内环境中力求表现悠闲、舒畅、自然的田园生活情趣，巧于设置室内绿化，创造自然、简朴、高雅的氛围（图 6-70）。

图 6-70　田园风格

↑田园风格会运用到大量的实木材料与带有田园气息的壁纸。为节省田园风格装修预算可在墙面设计大量的花卉壁纸，以减少实木材料的使用量。花卉壁纸的预算支出是远低于实木的，且通过大量的墙面壁纸也可营造出浓郁的田园风气息。

6.5.1　材料

1. 花卉壁纸

在法式田园风格的装修中，喜欢运用花卉图案的壁纸来诠释法式田园风格的特征，同时这种壁纸也能营造出一种浓郁的自然气息（图 6-71）。

2. 雕花造型家具

在英式田园风格的装修中虽然没有大范围地运用华丽繁复的雕刻图案，但在家具中，如床头、沙发椅腿、餐椅靠背等处，总免不了点缀适量的雕花造型，这些雕花造型的应用能让人感觉到一种严谨细致的工匠精神（图 6-72）。

3. 田园风木材

在英式田园风格的装修中，在木材的选择上多用胡桃木、橡木、樱桃木、榉木、桃花心木、楸木等木种，这些木种多设计在电视机背景墙、床头背景墙等处（图 6-73）。

图 6-71　花卉壁纸
↑ 85 ~ 150 元 / 卷

图 6-72　雕花造型家具
↑ 500 ~ 650 元 / 件

图 6-73　田园风木材
↑ 350 ~ 450 元 /m²

6.5.2　家具

1. 手工沙发

手工沙发在英式田园风格中占据着不可或缺的地位，大多是布面材质的，且沙发色彩秀丽、线条优美，但整体造型很简洁（图 6-74）。

2. 胡桃木家具

胡桃木的弦切面为美丽的大抛物线花纹，表面光泽饱满，品质较高，符合人们的审美要求，在英式田园风格中运用较频繁（图6-75）。

图 6-74 手工沙发
↑ 9800 ~ 10000 元 / 套

图 6-75 胡桃木家具
↑ 5200 ~ 5500 元 / 套

3. 象牙白家具

象牙白可以给人带来纯净、典雅、高贵的感觉，同时也能给人一种田园风光的清新自然之感，因此很受法式田园风格爱好者的青睐（图6-76）。

4. 铁艺家具

铁艺家具以意大利文艺复兴时期的典雅铁艺家具风格为主流，其优美、简洁的造型能使整个空间环境更具艺术性（图6-77）。

图 6-76 象牙白家具
↑ 4600 ~ 4850 元 / 套

图 6-77 铁艺家具
↑ 1680 ~ 1800 元 / 套

6.5.3 装饰元素

1. 法式花器

在法式田园风格中，花器表面多喜欢运用花卉图案，这不仅能诠释出法式田园风格的特征，同时也能营造出一种浓郁柔和的美（图6-78）。

2. 藤制收纳篮

藤制收纳篮所具有的自然气息能够很好地展现田园风格的特征，同时其具备实用功能，适用于客厅或餐厅空间（图6-79）。

3. 英伦风格装饰品

英伦风格装饰品有很多选择，可以将这些独具英式风情的装饰品装饰于空间环境中，能够带来强烈的异域风情（图6-80）。

图6-78 法式花器
↑150～220元/件

图6-79 藤制收纳篮
↑120～180元/件

图6-80 英伦风格装饰品
↑300～500元/件

案例：田园风格设计图纸与预决算

建筑面积约90m²的三居室户型，含卧室三间、卫生间一间，客厅、餐厅、厨房各一间，朝北面的阳台一处。在进行空间设计分配时，两间卧室或三间卧室都是可行的。可按本书前言中所述方式获取案例电子文件。

第7章

装修材料选用与计算

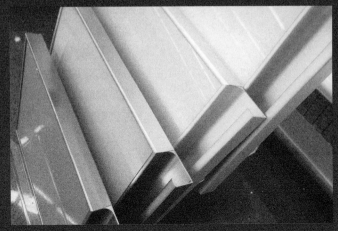

识读难度：★★★★☆

重点概念：瓷砖、板材、地板、涂料、壁纸、
集成墙板、定制集成家具、
水管电线

章节导读：本章主要针对装修工程中使用到的各种主材、辅材作简要介绍，并按步骤讲述材料的用量与价格，给出简单的计算公式，以便快速得出精准的价格。本章案例中的数据按四舍五入进行计数保留，对测量尺寸规格精确到小数点后两位，计算价格则精确到 0.1 元。

7.1 瓷砖

瓷砖是厨房、卫生间必备的墙地面铺装材料，质地坚固，具有防水性能，是现代装修施工的常用材料，在选用时应注意用量计算，避免购买过多或过少，造成浪费或工期延误。

7.1.1 釉面砖

1. 特性

陶土烧制而成的釉面砖吸水率较高，质地较轻，强度较低，价格低廉；瓷土烧制而成的釉面砖则吸水率较低，质地较重，强度较高，价格相对也较高。

2. 规格

墙砖规格计算模式为长度×宽度×厚度，常用规格尺寸为 300mm×600mm×6mm、400mm×800mm×8mm 等。地面砖规格计算模式为长度×宽度×厚度，常用规格尺寸为 300mm×300mm×6mm、600mm×600mm×6mm、800mm×800mm×8mm 等，在装修中，釉面砖多用于室内外墙面铺装。

3. 选购方法

选购釉面砖时，可以采用卷尺精确测量砖材的各边长度与厚度，误差应当 < 0.5mm。通常自重较大的砖体密度较高，抗压性也会更好（图7-1）。

下文以中档瓷质釉面砖为例，介绍釉面砖的计量与损耗计算方法（图7-2）。

图7-1 釉面砖应用

↑釉面砖中的配套花色砖价格较高，多为普通砖价格的 3～5 倍，甚至更高，可以根据需要选购并计算价格。或选用其他非配套花色砖，精心挑选合适的色彩、纹理，最终均能达到满意的装饰效果。

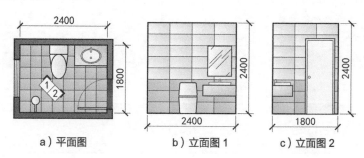

a）平面图　　b）立面图1　　c）立面图2

图7-2 卫生间设计图

市场价格：300mm×600mm×6mm 中档瓷质釉面砖的市场价格为 50 元 /m² 左右。

材料用量：5.6 片 /m²。

主材价格：铺装面积 ×50 元 /m²×1.05 损耗。

计算方法：

①计算地面面积：卫生间地面长度为 2.4m，宽度为 1.8m，

计算出地面面积为 4.32m²。

②计算墙面面积：卫生间地面周长（长度 2.4m ＋宽度 1.8m）× 2 ＝ 8.4m，卫生间墙面铺装高度 2.4m，计算出墙面面积为周长 8.4m × 墙面铺装高度 2.4m ＝ 20.16m²。

③地面面积与墙面面积之和为 4.32m² ＋ 20.16m² ＝ 24.48m²。

④考虑门窗洞口与损耗，常规开门与开窗不考虑损耗，因为门窗洞口边框需要对砖块进行裁切，消耗材料与人工，只有面积大于 2 m² 的门窗洞口才酌情扣除 50%。

⑤釉面砖材料价格为：墙面地面面积 24.48m² × 釉面砖单价 50 元 /m² × 1.05 损耗 ＝ 1285.2 元。

7.1.2 通体砖

1. 特性

通体砖是砖坯体表面经过打磨而成的一种光亮的瓷质砖，表面光洁，抗弯强度大。通体砖坚硬耐磨，根据产品品质不同，又分为抛光砖、玻化砖、微粉砖等，均可用于室内地面铺装，通体砖瓷砖可以取代传统天然石材，但需注意，个别通体砖含有微量放射性元素，长期接触对人体有害。

2. 规格

通体砖的规格计算模式为长度 × 宽度 × 厚度，常用规格为 600mm × 600mm × 8mm、800mm × 800mm × 10mm 等。

3. 选购方法

通体砖的商品名称很多，如铂金石、银玉石、钻影石、丽晶石、彩虹石等，选购时不能被繁杂的商品名迷惑，仍要辨清产品属性（图 7-3）。

下文以中档玻化砖为例，介绍通体砖的计量与损耗计算方法（图 7-4）。

图 7-3 通体砖

↑拼花通体砖常规尺寸可以要求经销商定制加工，当需要将通用规格砖块加工为设计尺寸时，不建议在施工现场手工切割，这也是为了避免砖块之间的切割尺寸出现较大差异，现场切割人工费需另计，综合成本较高。

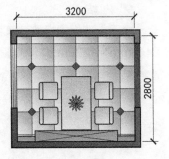

图 7-4 餐厅设计图

市场价格：600mm×600mm×8mm 中档玻化砖的市场价格为 60 元 /m² 左右。

材料用量：2.8 片 /m²。

主材价格：铺装面积 ×60 元 /m²×1.05 损耗。

计算方法：

①计算地面面积：餐厅地面长度为 3.2m，宽度为 2.8m，计算出地面面积为 8.96m²。

②计算地面拼花小砖价格：拼花小砖规格为 150mm×150mm，根据图 7-4 可数出 6 片，拼花小砖价格为 8 元 / 片，综合价格为 8 元 ×6 片 = 48 元。

③玻化砖材料价格为：地面面积 8.96m²× 玻化砖单价 60 元 /m²×1.05 损耗 + 拼花小砖总计 48 元 ≈612.5 元。

7.2 板材

板材品种较多，主要用于装修中的家具、构造等，选用时根据不同部位选用不同的板材品种。板材价格较高，用量较大，需要根据设计造型精确精准计算用量，一次性采购到位。

7.2.1 木质人造板

1. 特性

木质人造板的品种很多，凡是经过加工成型的木质材料板材都可以称为木质人造板，主要包括实木指接板、木芯板、生态板、胶合板、刨花板、纤维板等，具体细分品种更多（图 7-5~图 7-10）。

木质人造板主要可用于家具、构造制作，如各种台柜、吊顶、隔墙、装饰造型等，适用面非常广，价格较高，用量较大，因此要经过精确计算下料。

2. 规格

木质人造板的规格计算模式为长度 × 宽度，统一尺寸规格为 2440mm×1220mm，厚度根据板材品种不等，一般为 3 ~ 22mm。

图 7-5　指接板
↑表面无结疤的指接板价格较高，平整度较好，但是这种板材在使用中容易变形，只适用于制作家具柜体。

图 7-6　木芯板
↑优质木芯板的板芯内应当无虫眼、腐烂等瑕疵，这些需要对板材切割后再仔细观察。

图 7-7　生态板
↑生态板表面有装饰贴皮，表面丰富的色彩与纹理具有较好的装饰效果，板芯质量是关键。

图 7-8 胶合板
↑优质胶合板中各层级应当均衡一致，层次应清晰，表面应平整。

图 7-9 刨花板
↑刨花板中颗粒应当均匀，靠近表面的颗粒细小，中间颗粒较大。

图 7-10 纤维板
↑纤维板表面平整度高，但是容易受潮，制作家具时注意封闭好表面。

用于家具主体制作的生态板、刨花板，厚度均为 18mm，用于抽屉底部、家具背部围合的胶合板厚度为 5mm 或 9mm，主流产品厚度多以 15mm、18mm 为主。

3. 选购方法

木质人造板选购时建议选择品牌产品，且应要求板材不能出现弯曲、变形，选购时可用手抚摸板材表面，并观察板材表面的平整度与光洁度，板材板面与侧面的主要标识应当清晰可见，且经过切割后的板材，其内芯应当整齐，无色差、无空洞。

下文以生态板衣柜为例，介绍木质人造板的下料分摊计算方法（图 7-11）。

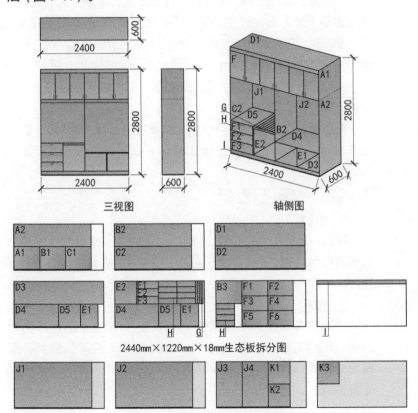

三视图　　　　　轴侧图

2440mm×1220mm×18mm生态板拆分图

2440mm×1220mm×9mm生态板背板拆分图

图 7-11 衣柜设计图

市场价格：2440mm×1220mm×18mm，中档生态板的市场价格为 200 元 / 张左右。

材料用量：制作上有平开门，下无平开门（后期定制推拉门）的衣柜，按衣柜正立面面积计算，约 1.3 张 /m²。

主材价格：生态板主材价格＝衣柜正立面面积 ×200 元 / 张。

计算方法：

①绘制出衣柜的三视图与轴测图：衣柜正立面宽度为 2.4m，高度为 2.8m，进深为 0.6m。

②计算主要板材价格：将衣柜中的板材全部拆解展开，衣柜所消耗的板材主要为厚 18mm 的生态板与厚 9mm 的饰面胶合板，分配到 2440mm×1220mm 的板材上，并进行编号。厚 18mm 生态板综合价格为 6 张 ×200 元 ＝ 1200 元，厚 9mm 饰面胶合板综合价格为 3 张 ×200 元 ＝ 600 元，计算出板材下料费用为 1800 元。

③计算装饰边条价格：柜体制作完成后，计算正立面中板材侧边的总长度与每扇柜门的周长，计算出这些长度总和为 68m，能得到消耗装饰边条的用量，装饰边条宽度为 18mm，每根长度为 2440mm，装饰边条综合价格为 28 根 ×3 元 ＝ 84 元。

④计算五金件价格：平开门数量为 6 扇，每扇门需要铰链 2 个与拉手 1 个。具体价格计算如下：铰链 2 个 × 柜门 6 扇 ×5 元 ＝ 60 元，拉手 6 个 ×6 元 ＝ 36 元，抽屉滑轨 3 套 ×20 元 ＝ 60 元，铝合金挂衣杆 2.4m×25 元 ＝ 60 元，共计 216 元。

⑤计算辅助材料价格：包括免钉胶、发泡胶、各种钉子等粗略共计 100 元。

⑥衣柜制作主要材料价格为：主要板材总计 1800 元 ＋ 装饰边条总计 84 元 ＋ 五金件总计 216 元 ＋ 辅助材料总计 100 元 ＝ 2200 元。

7.2.2 纸面石膏板

1. 特性

纸面石膏板中间是石膏，外表封闭厚纸板，是装修中吊顶、隔墙的常用板材，主要可用于吊顶、隔墙等主要装修构造的封闭围合。

2. 规格

纸面石膏板的规格计算模式为长度 × 宽度，选用规格为 2440mm×1220mm，厚度为 9mm 或 12mm，空间装饰中多以厚 9mm 的板材为主，有特殊使用要求时会选用厚 12mm 的板材（图 7-12）。

3. 选购方法

选购时建议选择品牌产品，应要求板材表面不能出现起泡、变形，手触摸板材表面时应平整，周边棱角应挺括无残缺，且经过切割后的板材，其内芯应当无气泡、空洞。

下文以客厅吊顶为例，介绍纸面石膏板的下料分摊计算方法（图 7-13）。

图 7-12 纸面石膏板
↑纸面石膏板的质量在于纸板与石膏之间的结合度，优质产品的纸板与石膏应当无法分离。

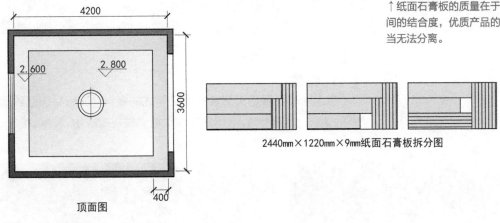

2440mm×1220mm×9mm纸面石膏板拆分图

顶面图

图 7-13 吊顶设计图

市场价格：2440mm×1220mm×9mm，纸面石膏板的市场价格为 25 元 / 张左右。

材料用量：制作全封闭叠级吊顶，约 0.5 张 /m²。

主材价格：纸面石膏板主材价格 = 顶面面积 ×0.5 张 / m²×25 元 / 张。

计算方法：

①绘制出吊顶的平面图构造图：吊顶空间长度为 4.2m，宽度为 3.6m，周边吊顶宽度为 0.4m，叠级造型高度为 0.1m，内空为 0.1m。

②计算板材价格：将吊顶中的板材全部拆解展开，吊顶所消耗的板材主要为厚 9mm 的纸面石膏板，分配到 2440mm×1220mm 的板材上，并进行编号。厚 9mm 纸面石膏板综合价格为 3 张 ×25 元 = 75 元。

③计算轻钢龙骨价格制作吊顶还需要 63mm 轻钢龙骨，间距约为 400 ~ 600mm，边角、转折构造都需要采用龙骨支撑，根据图纸计算出龙骨的总长度为 68m，轻钢龙骨综合价格为 68m×3 元 /m×1.05 损耗 = 214.2 元。

④计算辅助材料价格包括膨胀螺栓、螺纹吊杆、自攻螺钉等粗略共计 100 元。

⑤吊顶制作主要材料价格为：纸面石膏板总计 75 元＋轻钢龙骨总计 214.2 元＋辅助材料总计 100 元＝389.2 元。

7.3 地板

地面铺装材料品种较多，主要包括木地板、橡胶地板、地毯等，这些材料的用量计算方式基本相同。其中木地板主要分为实木地板、实木复合地板、复合木地板等，此外还搭配各种材质的踢脚线，这些材料价格较高，在装修中应当精确计算，务必保证所选材料能用到实处，不浪费。

7.3.1 实木地板

1. 特性

实木地板是采用天然实木加工而成的板材，该板材表面纹理清晰、真实、豪华大气。常用的实木地板原材料有橡木、桦木、柚木、蚁木、檀木等（图 7-14、图 7-15）。

图 7-14 柚木地板
↑柚木地板纹理色彩比较均衡，可以通过涂刷木器漆来强化表现。

图 7-15 蚁木地板
↑蚁木地板纹理色彩比较沉稳，自重较大，可适应各种环境需求。

2. 规格

不同木材所加工出来的实木地板规格不同，常规实木地板规格计算模式为长度×宽度×厚度，常用规格为 900mm×160mm×22mm，根据材料与产品批次的不同，具体规格也会有所变化。

3. 选购方法

实木地板选购时建议选择品牌产品，观察板材侧面时，板材不应出现弯曲、变形，且用手抚摸板材表面时，也应当绝对平整。

现代实木地板多为成品漆板，即表面已经经过涂漆烘烤处理，表面光洁度能达到良好反光效果的实木板材，这种板材侧边企口转角造型统一，板材之间衔接应紧密无缝。

下文以卧室地面铺装实木地板为例，介绍实木地板的计算方法（图7-16）。

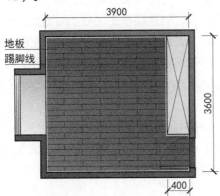

图 7-16　卧室地面铺装设计图

市场价格：900mm×160mm×22mm，柚木地板的市场价格为 280 元 / m² 左右。

材料用量：地面铺装面积 ×1.05 损耗。

主材价格：铺装界面面积 ×280 元 /m²×1.05 损耗。

计算方法：

①绘制出卧室地面铺装构造图：卧室空间长度为 3.9mm，宽度为 3.6mm，预先摆放衣柜。

②计算地板价格：卧室地面长度为 3.9m，宽度为 3.6m，计算出地面面积为长 3.9m× 宽 3.6m = 14.04m²，衣柜占地面积为 0.6m×2.6m = 1.56m²，地面铺装面积为 14.04m² − 1.56m² = 12.48m²，地板总计 12.48m²×280 元 / m²×1.05 损耗≈3669.1元。

③计算木龙骨价格：铺装实木地板还需要 50mm×40mm 的杉木龙骨，间距约为 400mm，根据图纸计算出龙骨的总长度为 36m，杉木龙骨综合价格为 36m×4 元 /m×1.05 损耗 = 151.2 元。

④计算木芯板价格：木龙骨上全铺木芯板，单张木芯板的规格为 2440mm×1220mm×18mm，120 元 / 张，木芯板综合价格为 4.5 张 ×120 元 / 张 = 540 元。

⑤计算踢脚线价格：全房踢脚线周长为 14.2m，价格为 30 元 /m，踢脚线综合价格为 14.2m×30 元 /m×1.05 损耗 = 447.3 元。

⑥计算辅助材料价格：包括防潮毡、地板钉、膨胀螺钉等粗略共计 100 元。

⑦实木地板主要材料价格为：地板总计 3669.1 元 + 木龙骨总计 151.2 元 + 木芯板总计 540 元 + 踢脚线总计 447.3 元 + 辅助材料总计 100 元 ≈4907.6 元。

7.3.2 铝合金发光踢脚线

1. 特性

传统踢脚线的材质与地面铺装材料的材质相同，大多数踢脚线都由经销商配套赠送，但是随着生活品质的提高，传统木质踢脚线不具备长久防潮、耐磨损的功能。因此现代空间装饰多采用铝合金踢脚线，其中带灯槽的铝合金踢脚线装饰视觉效果更好，且能满足多种功能空间选用，表面光滑、整洁，豪华大气（图7-17）。

2. 规格

铝合金发光踢脚线高度多为 60mm、80mm、100mm、120mm、150mm 等，厚度为 12mm 或 15mm，长度为定制，适用于空间装饰中的铝合金踢脚线产品长度多为 2400mm，能满足电梯运输。

3. 选购方法

铝合金踢脚线从截面观察，不能出现弯曲、变形，铝合金质地应均匀，厚度应达到 1mm，构造应牢固，安装有 LED 照明的踢脚线还要关注灯具的品牌与安装细节，并特别注意配套连接件的工艺质量。

下文以书房铺装混纺地毯后，周边安装铝合金发光踢脚线为例，介绍踢脚线的计算方法（图 7-18）。

图 7-17 铝合金发光踢脚线

↑铝合金发光踢脚线是由铝合金造型底板与实木或复合木质材料组合而成，LED 灯带安装在踢脚线内侧，产品质量核心在于灯带的质量。

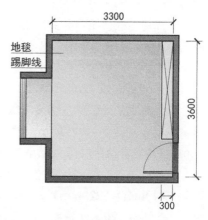

图 7-18 书房地面铺装设计图

市场价格：100mm×15mm，铝合金发光踢脚线市场价格为 45 元 / m² 左右。

材料用量：安装周长 ×1.2 损耗。

主材价格：安装周长 ×45 元 /m×1.2 损耗。

计算方法：

①绘制出书房地面铺装构造图：书房空间长度为 3.6m，宽度为 3.3m，预先摆放书柜。

②计算铝合金发光踢脚线价格：测量各墙体长度，并计算出总和为 13m，铝合金发光踢脚线总计 13m×45 元 / m×1.2 损耗 = 702 元。

③计算辅助材料价格：包括电源线、整流器、卡扣件、管线布设等粗略共计 50 元。

④踢脚线主要材料价格为：铝合金发光踢脚线总计 702 元 + 辅助材料总计 50 元 = 752 元。

7.4 涂料

涂料具有挥发性，在装修中多选用水性涂料，油性涂料使用较少，中高档环保涂料注重选色、配色，要与装修风格相搭配，并精确计算涂料用量。

7.4.1 乳胶漆

1. 特性

乳胶漆是以合成树脂乳液为基料，然后加入颜料、填料与各种助剂配制而成的水性涂料，因此又称合成树脂乳液涂料。乳胶漆质地柔滑、细腻，具有强烈的遮盖性，适用于墙面、顶面涂刷（图 7-19、图 7-20）。

图 7-19 乳胶漆

图 7-20 乳胶漆调色

←乳胶漆可自由调色，调色前购置好合适色彩的色浆，然后用清水稀释后缓缓倒入乳胶漆中，反复搅拌直至均匀即可使用。

2. 规格

根据乳胶漆使用部位的不同可以将其分为内墙乳胶漆与外墙乳胶漆，其中最常用的是内墙乳胶漆，以白色为主，多采用桶装，每桶容量有 1L、5L、15L、18L 等多种容量，其中 18L 居多，普通内墙乳胶漆涂装量为 12 ~ 15 m^2/L。

3. 选购方法

乳胶漆建议选购主流品牌产品，可通过产品防伪查询码验证。优质的乳胶漆打开包装后，黏稠度应比较均衡，且亮度适中，不会过度刺眼或灰暗，具有一定黏度，用木棍搅拌后也无沉淀感，用木棍挑起乳胶漆还能形成均匀、完整的扇面。

下文以一套精装房住宅空间（全房除厨房、卫生间、阳台等空间外）全部涂刷乳胶漆为例，介绍乳胶漆用量计算方法（图7-21）。

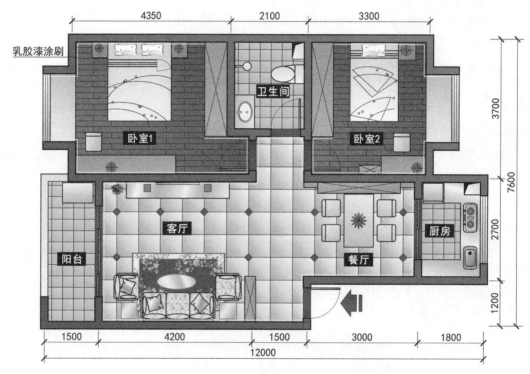

图7-21 住宅平面设计图

市场价格：18L 白色乳胶漆的市场价格为 380 元 / 桶左右。

材料用量：墙顶面涂刷面积 ÷12m²/L。

主材价格：墙顶面涂刷用量 ÷18L×380 元 / 桶。

计算方法：

①绘制出室内平面图：该住宅需要涂刷乳胶漆的空间为客厅及餐厅走道、卧室1、卧室2。

②计算顶面涂刷价格：测量需要涂刷乳胶漆的顶面面积，各空间顶面面积分别为：客厅及餐厅走道为 38.2m²，卧室 1 为 16.1m²，卧室 2 为 12.2m²。顶面涂刷面积总计为 66.5m²。顶面涂刷乳胶漆材料价格为 66.5m²÷12m²/L÷18L×380 元 / 桶≈117.0元。

③计算墙面涂刷价格：测量需要涂刷乳胶漆空间的周长，客厅餐厅走道为 25.2m，卧室 1 为 14.2m，卧室 2 为 11.3m，总计为 50.7m。周长 50.7m× 墙面高 2.75m − 门窗洞口适度面积 9.6m²≈墙面涂刷乳胶漆面积 129.8m²。墙面涂刷乳胶漆材料价格总计为 129.8m²÷12m²/L÷18L×380 元 / 桶 ≈228.4 元。

④计算石膏粉、腻子粉价格：石膏粉用量规格为 $0.5kg/m^2$，顶面与墙面综合消耗石膏粉材料总价为 $0.5kg/m^2 \times$（$66.5m^2 +$ $129.8m^2$）$\times 3$ 元 /kg≈294.5 元；腻子粉用量规格为 $1kg/m^2$，顶面与墙面综合消耗腻子粉材料总价为 $1kg/m^2 \times$（$66.5m^2 +$ $129.8m^2$）$\times 1$ 元 / kg≈196.3 元。总计消耗石膏粉、腻子粉材料价格为 294.5 元 + 196.3 元 ≈490.8 元。

⑤计算辅助材料价格：包括分色桶、美纹纸、刮刀、刮板、滚筒、刷子等粗略共计 100 元。

⑥乳胶漆主要材料价格为：顶面涂刷总计 117.0 元 + 墙面涂刷总计 228.4 元 + 石膏粉、腻子粉总计 490.8 元 + 辅助材料总计 100 元 ≈936.2 元。

7.4.2 水性丙烯酸底漆

1. 特性

水性丙烯酸漆底漆采用丙烯酸改性水性聚氨酯为主要原料，对人体无害，不污染环境，漆膜丰满、晶莹透亮、柔韧性好，具有耐水、耐磨、耐老化、耐黄变、干燥快、使用方便等特点。

2. 规格

水性丙烯酸底漆根据品质可分为单组份与双组份两种，单组份产品打开包装可直接使用，可加普通清水搅拌稀释；双组份产品分为主漆与分散剂两种包装，在使用时应根据需要调和搅拌。最常用的水性丙烯酸底漆以单组份为主，采用桶装，每桶容量有 1L、2L、5L 等多种，其中以 5L 居多，水性丙烯酸底漆涂装量为 $3 \sim 4m^2/L$（图 7-22、图 7-23）。

←水性木器漆加水调和后，应采用软毛刷平涂均匀，以使涂料覆盖并渗透到木质纤维中去，最终达到木质材料表面封闭，呈现出光亮、洁净的装饰效果。

图 7-22 水性木器漆　　图 7-23 水性木器漆涂刷

3. 选购方法

水性丙烯酸底漆建议选购主流品牌产品，可通过产品防伪查询码验证。目前市场上还存在一部分伪水性漆，使用时需要添加"专用稀释水"，对人体危害很大。

下文以一件实木书柜内外全部涂刷水性丙烯酸底漆为例，介绍水性丙烯酸底漆的用量计算方法（图7-24）。

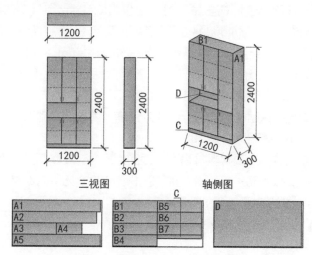

三视图　　　　　　　轴侧图

2440mm×1220mm×18mm生态板拆分图

图7-24　实木书柜设计图

市场价格：5L水性丙烯酸底漆的市场价格为160元/桶左右。

材料用量：涂刷面积 ÷3m²/L。

主材价格：家具涂刷用量L÷5L×160元/桶。

计算方法：

①绘制出实木书柜三视图与轴测图，书柜正立面宽度为1.2m，高度为2.4m，进深为0.3m。

②计算书柜涂刷价格：衣柜中的板材全部拆解展开，依次编号并拼接整齐，测量拼接后的板材面积，书柜涂刷所需总计8.3m²×2面 ÷3m²/L÷5L×160元/桶≈177.1元。

③计算辅助材料价格：包括修补腻子、原子灰、桶、美纹纸、刮刀刮板、滚筒、刷子等粗略共计30元。

④乳胶漆主要材料价格为：书柜涂刷总计177.1元＋辅助材料总计30元≈207.1元。

7.5　壁纸与集成墙板

壁纸与集成墙板主要可用于各种墙面与家具立面铺贴，能弥补乳胶漆涂刷效果单一的缺陷。壁纸与集成墙板价格较高，铺贴需要施工人员具有一定施工经验，因此整体成本较高，应当精确计算材料用量。本节主要介绍常规壁纸与集成墙板的用量计算方法。

7.5.1　壁纸

1.特性

壁纸是用于裱糊墙面的室内装饰材料，广泛用于现代风格装修中。壁纸材质不局限于纸，也包含其他材料，且具有色彩多样、图案丰富、豪华气派、安全环保、施工方便、价格适宜等多种特点。壁纸品种较多，如覆膜壁纸、涂布壁纸、压花壁纸等，壁纸具有一定的强度、韧度、美观的外表和良好的抗水性能。

2. 规格

我国生产的壁纸都以卷进行包装、销售，每卷长度为 10m，宽度为 500mm 与 750mm 两种规格，目前以宽度为 500mm 的产品居多，每卷能铺贴 5m² 左右。壁纸图案会影响壁纸的铺装损耗，较大的团形图案需要在铺贴过程中对齐图案，损耗较大；垂直条形图案无须对齐图案，因此无损耗（图 7-25）。

3. 选购方法

选购壁纸时可用手拿捏壁纸，具有一定韧性的壁纸抗皱褶效果好，还可用水浸湿壁纸样品的单面，优质壁纸不会完全被渗透。

下文以一处卧室套间为例，卧室、书房等空间墙面全部铺贴壁纸，介绍壁纸用量计算方法（图 7-26）。

图 7-25　壁纸

↑ PVC 壁纸花型色彩丰富，具有强烈的装饰效果，且这种壁纸表面的凸凹感纹理能给予空间较好的视觉效果，壁纸背面平整但不光滑，吸附性较强。

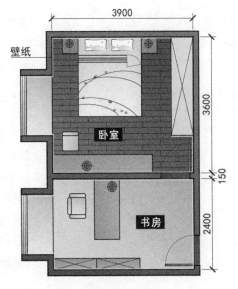

图 7-26　卧室、书房套间平面设计图

市场价格：500mm 宽壁纸的市场价格为 40 元/卷左右。

材料用量：墙面铺贴面积 ÷5m²/卷 ×1.2 损耗。

主材价格：墙面铺贴壁纸用量 ×40 元/卷。

计算方法：

①绘制出卧室、书房套间平面图：该套间需要铺贴壁纸的空

间为卧室、书房。

②计算墙面面积：空间面积为顶面涂刷乳胶漆面积，无须计算，测量需要铺贴壁纸墙面的面积，各房间墙面铺贴面积分别为：合计周长 25m × 房间高度 2.6m − 门窗面积 4.2m² = 60.8m²。

③计算壁纸用量价格：得出上述墙面的铺贴面积后，可计算出壁纸用量价格为：墙面铺贴面积 60.8m² ÷ 5m²/卷 × 1.2 损耗 × 40 元/卷 ≈583.7 元。

④计算石膏粉、腻子粉价格石膏粉用量规格为 0.5kg/m²，墙面综合消耗石膏粉总价为 0.5kg/m² × 60.8m² × 3 元/kg = 91.2 元；腻子粉用量规格为 1kg/m²，墙面综合消耗腻子粉总价为 1kg/m² × 60.8m² × 1 元/kg = 60.8 元。石膏粉、腻子粉价格共计 91.2 元 + 60.8 元 = 152 元。

⑤计算辅助材料价格：包括壁纸胶、基膜、刮刀、刮板、滚筒、刷子等，其中壁纸胶用量为平均铺贴 1 卷壁纸需要 0.25kg，均价为 28 元/kg，基膜用量为平均铺贴 1 卷壁纸需要 0.25kg，均价为 48 元/kg，综合计算壁纸胶与基膜用量规格为 19 元/卷，共计 60.8m² ÷ 5m²/卷 × 1.2 损耗 × 19 元/卷 ≈277.2 元。

⑥乳胶漆主要材料价格为：壁纸用量总计 583.7 元 + 石膏粉、腻子粉总计 152 元 + 辅助材料总计 277.2≈1012.9 元。

7.5.2 集成墙板

1. 特性

集成墙板主要由竹木纤维、碳纤维和高分子材料等经过高压后制成的室内装饰墙板。材料表面采用高温覆膜或滚涂工艺，既有壁纸丰富的色彩和图案，还能增加立体感。集成墙板目前已经过国内权威部门的多项检测，且均符合标准。

集成墙板具有保温、隔热、隔音、防火、防潮等多重特性，这种材料硬度强、绿色环保、安装便捷、易清洁，是今后发展室内墙面装修的流行材料。

2. 规格

集成墙板多为定制产品，长度为 6m，可以根据需要定制裁切后再发货运输到安装现场，宽度为 300mm、600mm、900mm 多种，能满足不同场合需要，厚度为 9 ~ 12mm，可根据不同厂家的产品开发设计来确定（图 7-27、图 7-28）。

3. 选购方法

最简单的选购方法是闻气味，优质产品无任何异味，如闻到刺鼻气味，则属于不合格产品；还可观察墙板的厚度和颜色，集成墙板的厚度多在 10mm 左右，优质墙板截面为米黄色，无杂点，否则可能是回收材料制作而成。

下文以住宅公共空间为例，客厅、餐厅、走道等空间墙面全部铺贴集成墙板，介绍成品墙板用量计算方法（图 7-29）。

图 7-27 集成墙板
↑集成墙板多为竹炭纤维制品，环保性能好，中空构造具有隔音效果。

图 7-28 集成墙板装修效果
↑集成墙板采用免钉胶方式直接安装，整体墙面覆盖，装饰造型丰富多变，不占用室内空间。

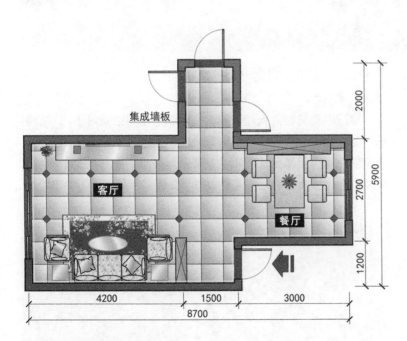

图 7-29 卧室书房套间平面设计图

市场价格：600mm 宽的集成墙板市场价格为 40 元 / m² 左右。

材料用量：墙面铺贴面积 ×1.2 损耗。

主材价格：墙面铺贴材料用量 ×40 元 / m²。

计算方法：

①绘制出建筑外部公共空间平面图：需要铺贴集成墙板的空间为客厅、餐厅、走道。

②计算墙面面积：测量需要铺贴壁纸墙面的面积，空间面积为顶面涂刷乳胶漆面积，无须计算，各空间墙面铺贴面积为：合计周长 29.2m × 房间高度 2.65m − 门窗面积 14.4m² ≈63m²。

③计算集成墙板价格：得出墙面铺贴面积后，可计算出集成墙板用量价格为：墙面铺贴面积 63m² × 40 元 / m² × 1.2 损耗 ≈3024 元。

④计算辅助材料价格：包括基础预埋件、膨胀螺钉、结构胶，收口边条等，粗略共计 200 元。

⑤乳胶漆主要材料价格为：集成墙板价格总计 3024 元 + 辅助材料总计 200 元 ≈3224 元。

7.6 集成家具

集成家具是空间装饰的重要组成部分，当传统装修工艺不便于实施时，就需要在工厂进行加工制作，将原材料加工完成后，运输至施工现场再进行快速组装，这种加工方式不仅能大幅度提高施工效率，还能降低生产、安装成本。

7.6.1 集成家具概述

1. 特性

集成家具又称为入墙家具，它能满足不同空间对于尺寸的要求，能减轻安装难度，造型时尚大方，同时还能有效节约空间，让室内空间看起来更加宽敞。集成家具是当下很流行的一种家具类型，产品品质与价格主要受板材与安装工艺影响（图 7-30）。

图 7-30 集成家具

↑集成家具的最大优势在于无须在现场制作，但是又能与现场空间尺寸完美贴合，家具加工精度高，制作精细，耐用性能好，柜体与构造可以任意设计定制。

2. 规格

集成家具的高度根据需要可设计到室内顶部，宽度可根据墙体灵活设计，深度多为 600mm，可根据需要加深到 800 ～ 1200mm，以形成围合造型的衣帽间或储物间。

3. 选购方法

选购集成家具时要注重板材材质，板材根据品质从低到高，主要可分为纤维板（密度板）、刨花板（颗粒板）、多层板（胶合板）、实木板等四种，其中实木板综合性能最佳，价格最高。

此外，集成家具的封边也很关键，如果封边不好，前三种板材中的甲醛便很容易释放出来，封边爆开也会影响美观。在选购定制集成家具时还需重点注意五金件，尤其是铰链的质量，高档产品多配套全不锈钢铰链，这种铰链具有开启角度可定位与磁吸等便捷功能。

7.6.2 集成衣柜

下面以卧室空间为例，介绍集成衣柜价格的计算方法（图 7-31）。

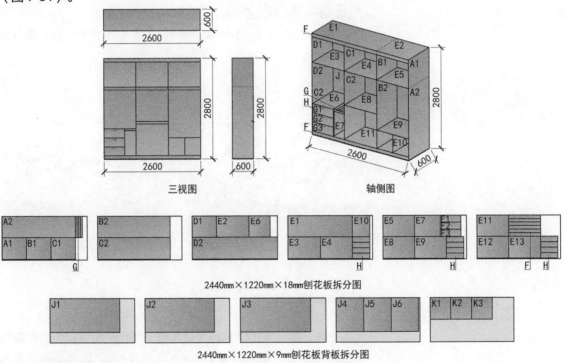

图 7-31 集成衣柜设计图

市场价格：中档刨花板（颗粒板）制作的集成衣柜，将板材展开后计算，市场价格为 180 元 /m² 左右。

材料用量：制作平开门衣柜，按衣柜板材展开面积计算。

主材价格：衣柜主材价格＝衣柜主体板材展开投影面积 ×

180 元 /m² + 衣柜背后板材展开投影面积 ×150 元 /m²。

计算方法：

①绘制出定制集成衣柜的三视图与轴测图：衣柜正立面宽度为 2.8m，高度为 2.6m，进深为 0.6m。

②计算主要板材价格：将衣柜中的板材全部拆解展开，衣柜所消耗的板材主要为厚 18mm 的刨花板，衣柜板材展开面积为 26.2m²，分配到 2440mm×1220mm 的板材上，并进行编号。厚 18mm 刨花板消耗主材价格为 16.9m²×180 元 /m² = 3042 元，厚 9mm 刨花板消耗主材价格为 9.3m²×150 元 /m² = 1395 元，共计 4437 元。

③计算抽屉价格：柜体、柜门制作完成后，每个抽屉价格为 100 元，共计 3 个抽屉 ×100 元 = 300 元。

④计算五金件价格：铝合金挂衣杆 2.8m×25 元 = 70 元，拉手 3 个 ×6 元 = 18 元，共计 88 元。

⑤衣柜制作主要材料价格为：板材总计 4437 元 + 抽屉总计 300 元 + 五金件总计 88 元 = 4825 元。

7.6.3 集成橱柜

下文以厨房柜体为例，介绍集成橱柜的价格计算方法（图 7-32）。

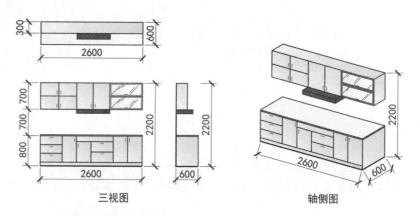

三视图　　　　　　　　　轴侧图

图 7-32　集成橱柜设计图

市场价格：中档刨花板（颗粒板）制作的集成橱柜，按橱柜长度延米计算，市场价格为 2000 元 /m 左右，其中上柜价格占 30%（600 元 /m），下柜价格占 70%（1400 元 /m）。

材料用量：制作平开门橱柜，按橱柜长度延米计算。

主材价格：橱柜主材价格 = 上柜长度延米 ×600 元 /m + 下柜长度延米 ×1400 元 /m。

计算方法：

①绘制出集成橱柜的三视图与轴测图：橱柜正立面宽度为
2.6m，高度为 2.2m，进深为 0.6m。

②计算主要柜体价格：分别计算上柜与下柜的长度，上柜价格
为 2.6m×600 元 /m = 1560 元，下柜价格为 2.6m×1400 元 /m =
3640 元，共计 1560 元 + 3640 元 = 5200 元。

③计算抽屉价格：柜体、柜门制作完成后，每个抽屉价格为
150 元，共计 5 个抽屉 ×150 元 = 750 元。

④计算配件价格：上柜玻璃柜门 2 扇 ×100 元 = 200 元，下
柜拉篮 2 件 ×150 元 = 300 元，台面石材 2.6m×350 元 = 910 元，
共计 1410 元。

⑤橱柜制作主要材料价格为：主要柜体总计 5200 元 + 抽屉
总计 750 元 + 配件总计 1410 元 = 7360 元。

7.7 水管电线

水管电线施工在装修中用于隐蔽工程，后期装饰会覆盖在水管电线之上，水管电线的材料
价格较高，要避免浪费，装修中常常为竣工结算。在预算中应设定一个预估数值，这个预估值
是根据装修施工人员或企业多年施工经验总结而来的，又称为估算。下文分别介绍给水排水管、
电线的快速估算方法。

7.7.1 给水排水管

现代空间装饰多采用 PP-R 管作为给水管，采用 PVC 管作
为排水管，在安装时需要搭配各种配套管件，并通过热熔焊接来
完成施工，主要安装区域集中在厨房、卫生间、阳台等空间，在
快速估算时主要对厨房、卫生间等空间进行精确计算，阳台等其
他空间根据实际使用长度估算或在结算时另行增补即可。

给水管与排水管的管道材料与施工工艺虽然不同，但是材料
价格与安装难度相当，因此在快速估算时可以综合计算。

下文以相邻的厨房、卫生间、阳台空间为例，介绍给排水管
的计算方法（图 7-33）。

市场价格：PP-R 管与 PVC 管按长度延米计算，市场价格均
为 15 元 /m 左右。

材料用量：厨房、卫生间等主要用水空间周长 ×2.5 系数。

主材价格：给水排水管综合价格 = 用水空间周长 ×2.5 系数 ×
15 元 /m。

计算方法：

①绘制出厨房、卫生间的平面图：厨房长度为 2.8m，宽度
为 1.8m，卫生间长度为 2.4m，宽度为 1.6m。

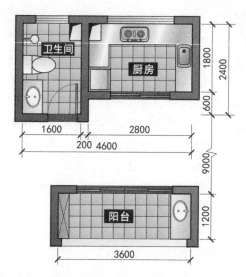

图 7-33　厨房卫生间与阳台设计图

②计算厨房、卫生间周长：厨房周长为 9.2m，卫生间周长为 8m，共计周长 9.2m＋8m＝17.2m。

③计算厨房、卫生间给水排水管综合价格，实际为 17.2m×2.5 系数 ×15 元 /m＝645 元。

④计算其他空间给水排水管价格：阳台给水排水管根据实际情况，按周长的 0.5 倍、1 倍、1.5 倍计算，如按周长 1 倍计算长度为 9.6m，从厨房到阳台的给水管按两处空间的直线距离计算，以 9m 为例，阳台给水排水管耗材综合价格为（9.6m＋9m）× 15 元 /m＝279 元。

⑤给水排水管制作主要材料价格为：厨卫给水排水管制作材料总计 645 元＋阳台给水排水管制作材料总计 279 元＝924 元。

7.7.2　电线耗材

现代装饰中多采用单股电线作为主要电线，外部套接 ϕ 18mmPVC 穿线管保护。电线规格主要为 $1.5mm^2$、$2.5mm^2$、$4mm^2$ 三种，其中 $1.5mm^2$ 的电线用于普通照明与普通电器插座，$2.5mm^2$ 的电线用于等电器插座与小功率空调，$4mm^2$ 的电线用于中等功率热水器、空调，少数别墅住宅中的大型电气设备会采用 $8mm^2$ 的电线。

在普通建筑空间中，电线的规格和数量应根据户型面积、空间结构来购置，但是在长期实践中，也总结出十分精准的规律，即在正常中档装饰环境下，建筑面积与电线卷数（100m/ 卷）相对应，因此在快速估算时可以综合计算。此外，网线、电视线等弱电线可以根据实际需要预估，一般与户型整体长边距离相当。

下文以精装房住宅为例，介绍电线的计算方法（图 7-34）。

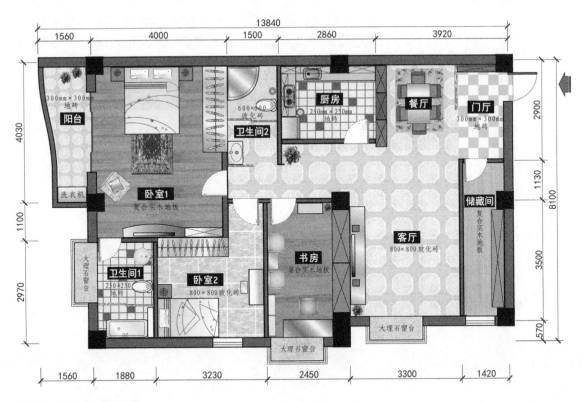

图 7-34　精装房住宅设计图

市场价格：以使用频率最高的 2.5mm² 的电线为基准，按长度延米计算，配合穿线管，市场价格均为 4 元 /m 左右。

材料用量：建筑面积 ÷8 系数 = 电线卷数（100m/ 卷），1.5mm²、2.5mm²、4mm² 三种规格的电线用量比例为 3∶6∶1。

主材价格：电线综合价格 = 电线卷数 ×4 元 /m。

计算方法：

①绘制出整体平面图：建筑面积为 130m²。

②计算电线数量：建筑面积 130m² ÷8 系数 = 16.25 卷，按 1.5mm²、2.5mm²、4mm² 三种规格的电线用量比例为 3∶6∶1 计算，1.5mm² 的电线 16.25 卷 ×0.3 = 4.875 卷，2.5mm² 的电线 16.25 卷 ×0.6 = 9.75 卷，4mm² 的电线 16.25 卷 ×0.1 = 1.625 卷。

③计算电线价格：根据上述计算，按整数采购原则，1.5mm² 的电线需要 5 卷（2 卷红线、2 卷蓝线、1 卷黄绿线），2.5mm² 的电线需要 10 卷（4 卷红线、4 卷蓝线、2 卷黄绿线），4mm² 的电线需要 2 卷（1 卷红线、1 卷蓝线），共需要 17 卷电线（100m/ 卷），搭配穿线管后，按 2.5mm² 的电线综合计算，电线综合价格为 17 卷 ×100m/ 卷 ×4 元 /m = 6800 元。

④计算其他弱电线价格：现代住宅多为无线 WIFI 网络，可根据需要配有线电视，网线长度与电视线长度分别与户型整体长边距离相当，该户型长边长度为 13m，网线与电视线综合价格为 13m×2 倍 ×4 元 /m ＝ 104 元。

⑤电线制作主要材料价格为：电源线总计 6800 元 ＋ 弱电线总计 104 元 ＝ 6904 元。

第8章

装修施工改造

识读难度：★★★★★

重点概念：拆除、水路、电路、防水、墙砖、
地砖、隔墙、吊顶、柜体、油漆、
壁纸、门窗、地板

章节导读：施工与改造水平直接影响居住品质，专业技术水平高、效率高的施工人员劳务费用相对也较高，施工时对辅助材料的质量要求也较高，施工多会运用较昂贵的电动工具施工，而这些都会产生工具、设备损耗。本章将针对施工改造中的各项工艺进行细致的解析，并分析费用构成。

8.1 拆除施工

拆除墙体，并将其改造成门窗洞口，能最大化地利用空间，这是常见的改造手法。拆除墙体的目的很明确，就是为了开拓空间，使阴暗、狭小的空间变得明亮、开敞。在改造施工中要谨慎操作，注意拆除墙体时不能破坏周边构造，要保证住宅构造的安全性。

8.1.1 拆除施工方法

（1）分析预拆除墙体的构造特征，确定能否被拆除，并使用深色记号笔在能拆的墙面上做出准确标记（图8-1）。

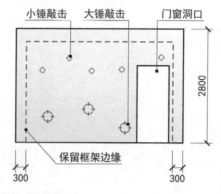

图 8-1 拆除墙体敲击点位示意图
↑敲击点位应尽量分散且均衡，每个点位之间的间距要保持相等。

（2）使用电锤或钻孔机沿拆除标线作密集钻孔。

（3）使用大铁锤敲击墙体中央下部，使砖块逐步脱落，再用小铁锤与凿子修整墙洞边缘（图8-2、图8-3）。

（4）将拆除界面清理干净，采用水泥砂浆修补墙洞，待干并养护七天。

图 8-2 敲击墙体中央下部
↑拆除时依据标记点位采用不同规格的锤子敲击墙体，并注意保留好框架边缘，一般应在距离边缘300mm处定点拆除。

图 8-3 修整墙洞边缘
↑墙体拆除时应先拆除墙体下部，拆除后应保持边框完整、方正，将拆除界面清扫干净，并洒湿水处理。拆除墙体时不要破坏横梁、立柱、墙垛，否则会影响建筑安全。

8.1.2 拆除施工费计算

人力锤击墙体的效率与墙体的结构、厚度有直接关系。

以 240mm 厚的轻质砖墙拆除为例，人力锤击工作量约为 40m²/ 日（墙面面积），日均工资 500 元，折合计算拆除施工费为 12.5 元 /m²，加上工具与装袋损耗，则最终的拆除施工费为 15 元 /m²。

这其中包含锤击、拆除、修边、建筑垃圾装袋整理等一系列工作，但不包括将建筑垃圾搬离现场，注意其他厚度隔墙可适当增减拆除施工费，但增减幅度不超过 50%。

8.2 水路施工

> 水路改造是指在现有水路构造的基础上对管道进行调整，水路布置则是指对水路构造进行全新布局。

水路施工前一定要绘制比较完整的施工图，并在施工现场与施工人员交代清楚。水路构造施工主要分为给水管施工与排水管施工两种，其中给水管施工是重点，需要详细图纸指导施工（图 8-4）。

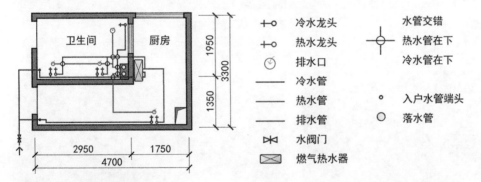

图 8-4 给水排水设计示意图
↑各种给水排水管道分配应当具有逻辑，管道走向应清晰，用水点、排水点要准确，且需附带尺寸，能精准测量推算出管道长度。

8.2.1 水路施工方法

（1）查看厨房、卫生间的施工环境，找到排水管出口。现在大多数商品房将排水管引入厨房与卫生间后就不做延伸了，水路施工时需要对排水口进行必要延伸，但是不能改动原有管道的入户方式（图 8-5）。

（2）根据设计要求在地面上测量管道尺寸，进行给水管下料并预装。厨房地面一般与其他房间等高，如果要改变排水口位置只能紧贴墙角做明装，待施工后期再用地砖铺贴转角作遮掩，或用橱柜作遮掩。下沉式卫生间不能破坏原有地面防水层，管道应在防水层上布置安装，如果卫生间地面与其他房间等高，最好不要对排水管进行任何修改，或做任何延伸、变更，否则都需要砌筑地台，会给出入卫生间带来不便（图8-6）。

（3）布置周全后仔细检查水路布置是否合理，无异常便可正式胶接安装，应采用各种预埋件与管路支托架固定给水管（图8-7）。

（4）采用盛水容器为各排水管进行灌水试验，观察排水能力以及是否漏水，局部可以使用水泥加固管道。下沉式卫生间需用细砖渣回填平整，回填时注意不要破坏管道（图8-8）。

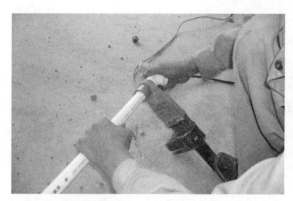

图 8-5　给水管热熔焊接
↑专用于 PPR 管的热熔机应当充分预热，热熔时间一般为 15 ~ 20s，时间必须要控制好。

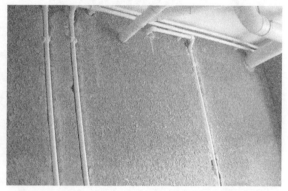

图 8-6　给水管安装固定
↑管道组装完毕后应平稳放置在管槽中，管槽底部的残渣应当清扫干净。

图 8-7　排水管涂胶
↑采用砂纸将管道端口打磨干净，并涂抹上管道专用黏结剂，迅速粘接配套管件。

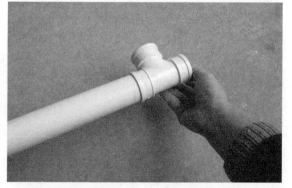

图 8-8　排水管固定安装
↑将管道分为多个单元独立组装，摆放在地面校正水平度与垂直度。

8.2.2　水路施工费计算

水路施工看似复杂，在精准的设计图规范下，施工过程比较容易。建筑空间中的卫生间、厨房、阳台等用水空间的施工工程量相差很小，单个空间的工作面积多为 4 ~ 8m²。

一名施工人员 1 天能完成一间卫生间的给水排水施工，3 天能完成两间卫生间、一间厨房、一间阳台的全部给水排水施工，后期安装各种洁具、设备、配件用时约 1 天，总计为 4 天，日均工资 500 元，综合人工费为 2000 元，上述空间约 20m²，则最终的水路施工费为 100 元 /m²。

这其中包含墙面、地面管道槽口开凿、给水排水管道安装布置、水压测试、封闭管槽、建筑垃圾装袋整理、后期安装等一系列工作，但不包括将建筑垃圾搬离现场，注意水路施工费用的增减幅度不超过 10%。

8.3 电路施工

电路改造与布置非常复杂，涉及强电与弱电两种电路，强电可以分为照明、插座、空调电路；弱电可以分为电视、网络、电话、音响电路等，改造与布置方式基本相同。电路施工在装修中涉及的面积最大，遍布整个建筑空间，现代装饰要求全部线路都隐藏在顶面、墙面、地面及装修构造中，施工时需要严格操作。

8.3.1 强电施工

强电施工是电路改造与布置的核心，应正确选用电线型号，合理分布（图 8-9~ 图 8-12）。

（1）根据完整的电路施工图现场草拟布线图，使用墨线盒弹线定位，在墙面上标出线路终端插座、开关面板位置，并对照图纸检查是否有遗漏。

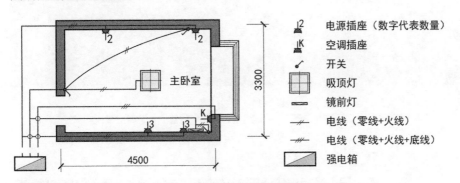

⏛2	电源插座（数字代表数量）
⏛K	空调插座
✐	开关
▦	吸顶灯
▭	镜前灯
⫴	电线（零线+火线）
⫴	电线（零线+火线+底线）
◪	强电箱

图 8-9 强电设计示意图
↑预先设计绘制简要电路图，厘清线路之间的逻辑关系，数清插座、开关面板的数量并进行采购。

墙体
单股电线回路
配套固定圈
PVC管
1：3水泥砂浆填补
钢钉固定

图 8-10 穿线埋管设计示意图
←采用电锤或开槽机对墙面、地面进行开槽，将管线埋入墙体后用水泥砂浆封闭固定。

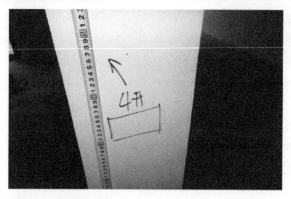

图 8-11　墙面定位
↑电路敷设前需要在墙面标出开关、插座的位置，标记时应当随时采用卷尺校对高度，并用记号笔做以记录。

图 8-12　放线标记
↑放线定位应当保持平行，以墨线盒绷紧为准。

（2）在顶面、墙面、地面开线槽，线槽宽度及数量根据设计要求来定。埋设暗盒及敷设 PVC 电线管，并将单股线穿入 PVC 管（图 8-13）。

（3）安装空气开关、各种开关插座面板、灯具等设备，并通电检测。

（4）根据现场实际施工状况完成电路布线图，备案并复印交给下一工序的施工人员（图 8-14）。

图 8-13　电线穿管
↑将弹簧穿入线管中，然后用手直接将管道掰弯即可得到转角形态。

图 8-14　管线布置
↑敷设线路时要注意线管上、下两层交错的部位应当减少，尽量服帖，不能留空过大。

8.3.2　弱电施工

弱电是指电压低于 36V 的传输电能，主要用于信号传输，电线内导线较多，传输信号时容易形成电磁脉冲弱。

弱电施工的方法与强电施工的方法基本相同，同样需参考详细的设计图，在电路施工过程中，强电与弱电可同时操作，但要特别注意添加防屏蔽构造与措施，各种传输信号的电线除了高档产品自身具有防屏蔽功能外，还应当采用带防屏蔽功能的 PVC 穿线管。

较复杂的弱电还有音响线、视频线等，弱电可布置在吊顶内或墙面高处，强电布置在地面或墙面低处，将两者系统地分开，既符合安装逻辑，又能高效、安全地传输信号（图8-15~图8-17）。

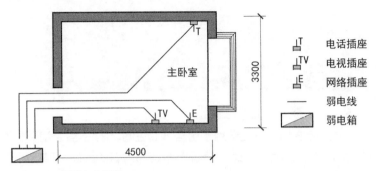

图 8-15　弱电设计示意图
↑弱电构造简单，具体布置应根据生活习惯与使用要求来设计，可与强电同时施工，但是要分开管线布置。

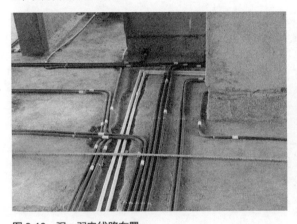

图 8-16　强、弱电线路布置
↑强电与弱电管线之间的平行间距应保持 300mm 以上，这样可以有效防止电磁信号干扰。

图 8-17　弱电箱布置
↑弱电配电箱内应安装电源插座，供无线路由器等设备使用。

8.3.3　电路施工费计算

电路施工比较复杂，但是设计图纸清晰明确，施工起来效率较高。装修工程中各个空间都涉及电路，以常规两室两厅一厨一卫的 90m^2 住宅为例。

一名施工人员每天能完成 15m^2 建筑面积的电路施工，90m^2 的建筑面积需要 6 天完成全房的穿管、布线工作，后期安装各种灯具、开关面板、电气设备、配件约 2 天，总计为 8 天，日均工资为 500 元，综合人工费为 4000 元，则最终的电路施工费约为 45 元 /m^2。

这其中包含墙面、地面管道槽口开凿，强、弱电线管道安装布置，封闭管槽，建筑垃圾装袋整理，后期安装等一系列工作，但不包括将建筑垃圾搬离现场，注意电路施工费用的增减幅度不超过 10%。

8.4 防水施工

给水排水管道都安装完毕后，就需要开展防水施工。所有毛坯住宅的厨房、卫生间、阳台等空间的地面原来都有防水层，但是所用的防水材料不确定，防水施工质量不明确，因此无论原来的防水效果如何，在装修时都应当重新检查并制作防水层。

8.4.1 室内防水施工

室内防水施工主要适用于厨房、卫生间、阳台等经常接触水的空间，施工界面为地面、墙面等水容易附着的界面。目前用于室内的防水材料很多，下面主要介绍 K11 防水涂料的施工方法（图 8-18）。

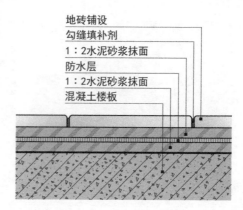

图 8-18 防水层设计示意图

↑防水层多为柔性材料，容易受到外界破坏，因此表面应当采用水泥砂浆作为保护层。

（1）将厨房、卫生间、阳台等空间的墙、地面清扫干净，保持界面平整、牢固，对凹凸不平及裂缝处采用 1∶2 水泥砂浆抹平，并洒水润湿防水界面（图 8-19）。

（2）选用优质防水浆料，依据产品包装上的说明，按比例将其与水泥砂浆准确调配在一起，调配均匀后静置 20 分钟以上（图 8-20、图 8-21）。

（3）对地面、墙面分层涂覆，根据不同类型的防水涂料，一般需涂刷 2 ~ 3 遍，涂层应均匀，间隔时间应大于 12 小时，以干而不黏为准，涂层总厚度为 2mm 左右（图 8-22）。

（4）滚涂完毕后须经过认真检查，局部填补转角部位或用水率较高的部位，待干。

（5）使用素水泥浆将整个防水层涂刷 1 遍，待干。

（6）采取封闭灌水的方式，进行防水实验，如果 48 小时后检测无渗漏，则可进行后续施工。

图 8-19 墙面浸湿

↑洒水润湿的目的是防止防水涂料涂刷上墙后,防水涂料中的水分迅速被水泥砂浆界面吸收,导致防水涂料吸附力下降,造成干裂,甚至脱落。

图 8-20 粉料结合

↑迅速将粉料包装打开,倒入装有液料的桶中,倒入时要均匀,同时速度要快,避免粉料与液料结合后干结,不便搅拌。

图 8-21 均匀搅拌

↑用电动搅拌转机,插上搅拌杆件,在桶中搅拌,搅拌速度中等偏慢,搅拌时间为 5 ~ 10 分钟,中途停 2 分钟。电动搅拌转机可用大功率调速电钻或双用电锤。

图 8-22 滚涂

↑将静置后的防水涂料滚涂至墙面,从上至下施工。一般涂刷 2 遍,第 1 遍竖向滚涂。一次搅拌调配的防水涂料应在 1 小时内用完,边滚涂边搅拌,但是不宜在中途掺水。

8.4.2 防水施工费计算

防水施工工序比较简单,防水质量主要在于施工人员的职业责任,以常规住宅为例,空间共有两处卫生间,一处厨房、一处阳台,共计建筑面积为 20m²,需要涂刷防水涂料的面积约为 50m²。

一名施工人员每天能完成 50m² 的墙面、地面涂刷面积,涂刷 3 遍,日均工资为 600 元,则最终的防水施工费约为 12 元 /m²。

其中包含墙面、地面滚涂,刷涂,修补,试水等一系列工作,注意防水施工费用的增减幅度不超过 10%。

8.5 铺装施工

铺装施工技术含量较高,需要具有丰富经验的施工人员操作,多讲究平整、光洁,是装修工程施工的重要工程,墙面、地面的装饰效果主要通过铺装施工来表现。

铺装施工时应特别注重材料表面的平整度与缝隙宽度。在施工过程中，应随时采用水平尺校对铺装构造的表面平整度，随时采用尼龙线标记铺装构造的厚度，随时采用橡皮锤敲击砖材的四个边角，这些都是控制铺装平整度的重要操作方式。

8.5.1　墙砖施工方法

在装修工程中，墙砖铺贴是技术性极强且非常耗费工时的施工项目。一直以来，墙砖铺装水平都是衡量装修质量的重要参考，但是现代装修所用的墙砖体块越来越大，如果不得要领，铺贴起来会很吃力，而且效果也不好。墙砖铺装要求粘贴牢固、表面平整，且垂直度标准，因此施工难度较高（图8-23）。

（1）清理墙面基层，铲除水泥疙瘩，平整墙角，但是不要破坏防水层，同时，选出用于墙砖浸泡在水中3～5小时后取出晾干（图8-24）。

（2）配置1：1水泥砂浆或素水泥浆待用，洒水润湿铺贴墙面基层，并放线定位，精确测量转角、管线出入口的尺寸并裁切墙砖。

（3）在墙砖背部涂抹水泥砂浆或素水泥浆，从下至上准确粘贴到墙面上，保留的缝隙宽度要根据墙砖特点来定制（图8-25）。

（4）采用墙砖专用填缝剂填补缝隙，使用干净抹布将墙砖表面擦干净，养护待干。

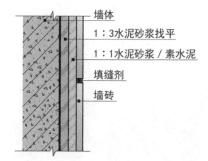

　　墙体
　　1：3水泥砂浆找平
　　1：1水泥砂浆／素水泥
　　填缝剂
　　墙砖

图8-23　墙砖铺装示意图
↑黏合墙砖的水泥砂浆或其他专用材料要尽量控制厚度，以免占用过多的室内面积。

图8-24　墙砖浸泡
↑将墙砖放入水中充分浸泡也是检测墙砖质量的重要方法，优质产品放入水中气泡很少。

图8-25　墙砖铺贴
↑铺装前应当对墙面洒水润湿，墙面弹线后还应标注墙砖铺贴厚度，为此放线定位，砖块底层应铺垫木屑校正水平度。

8.5.2　地砖施工方法

地砖一般为高密度瓷砖、抛光砖、玻化砖等，规格较大，铺贴时不能有空鼓存在，铺贴厚度也不能过高，应避免与未铺装区域形成较大落差，因此，地砖铺贴难度相对较大（图8-26）。

（1）清理地面基层，铲除水泥疙瘩，平整墙角，但是不要破坏楼板结构，选出具有色差的砖块。

（2）配置1：2.5水泥砂浆待干，洒水润湿铺贴墙面基层，放线定位，精确测量地面转角与开门出入口的尺寸，并对地砖进行裁切。普通瓷砖与抛光砖仍须浸泡在水中3～5小时后取出晾干，可预先铺设地砖并依次标号。

（3）在地面上铺设平整且黏稠度较干的水泥砂浆，依次将地砖铺贴在到地面上，保留的缝隙宽度需根据地砖特点来定制。

（4）采用专用填缝剂填补缝隙，使用干净抹布将地砖表面的水泥擦拭干净，养护待干（图8-27~图8-30）。

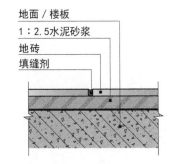

图 8-26 地砖铺装示意图
↑地砖铺装对平整度要求很高，在铺装过程中要不断校正表面平整度。

图 8-27 地砖切割
↑对于需要拼接或者转角的区域，可以使用抛光砖切割器进行裁切，抛光砖切割器使用方便、快捷，切口整齐、光洁，是铺装施工的必备工具。

图 8-28 调配两种湿度的水泥砂浆
↑干质水泥砂浆铺在地面，湿质水泥砂浆铺在地砖背面，水泥砂浆的干湿度应当根据环境气候把握好。

图 8-29 预铺装
↑铺干质水泥砂浆前，应当对地面洒水润湿，水泥砂浆应当铺均匀、平整，厚度约20mm。

图 8-30 地砖背面涂抹湿砂浆
↑湿质水泥砂浆应当铺在砖块背面，厚度约20mm，周边应形成坡状倒角。

8.5.3 铺装施工费计算

铺装施工属于装修工程中的高技术施工，需要丰富的施工经验与耐心，并需依据设计需要对砖块材料进行切割加工。在现代装修中，墙面、地面综合铺装面积为60～120m²，其中墙砖铺装工艺难度较大，对铺贴厚度、表面平整度、垂落幅度都有要求。地砖的铺装难度相对较低，但是也有严格规范，施工要求绝对的平整度。

一名施工人员每天能完成约 $8m^2$ 的墙砖铺贴，或约 $10m^2$ 的地砖铺贴，日均工资为 500 元，则最终的墙砖施工费约 63 元 $/m^2$，地砖施工费约 50 元 $/m^2$。

这其中包含墙砖、地砖挑选，浸泡，放线定位，水泥砂浆拌和，切割加工，铺贴，养护等一系列工作，注意墙砖、地砖施工费用的增减幅度不超过 10%。

8.6 隔墙施工

在装修工程中，需要进行不同功能的空间分隔时，最常采用的材料就是石膏板隔墙了，而砖砌隔墙较厚重、成本高、工期长，除了特殊需要外，现在已经很少采用了。大面积平整纸面石膏板隔墙采用轻钢龙骨作基层骨架，小面积弧形隔墙则可以采用木龙骨与胶合板饰面。

8.6.1 隔墙施工方法

（1）清理基层地面、顶面与墙面，分别放线定位，根据设计造型在顶面、地面、墙面钻孔，放置预埋件。

（2）沿着地面、顶面与墙面制作边框墙筋，并调整到位。

（3）分别安装竖向龙骨与横向龙骨，并调整到位。

（4）将石膏板竖向钉接在龙骨上，对钉头做防锈处理，封闭板材之间的接缝，并全面检查（图 8-31~ 图 8-35）。

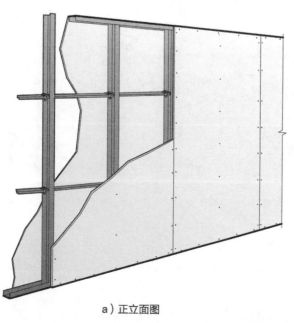

图 8-31　石膏板隔墙构造示意图
→应根据设计需要选用不同规格的轻钢龙骨与石膏板，注意钉接安装应当紧密。

膨胀螺栓

纸面石膏板
竖向龙骨
穿线孔
自攻螺钉

地龙骨

a）正立面图　　　　　　　b）侧立面图

图 8-32　竖向龙骨
↑竖向龙骨安装应当保持绝对垂直，并采用铅垂线、水平仪反复定位校正。

图 8-33　龙骨成型
↑转角部位应采用规格较大的龙骨，或采用型钢作支撑。

图 8-34　板材封闭
↑横向贯通龙骨主要用于保持竖向龙骨的平行，同时还可用于传线管。

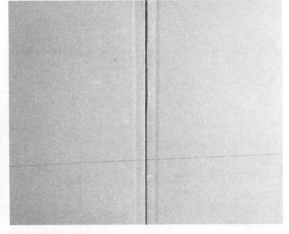

图 8-35　板材接缝
↑木龙骨上的石膏板可以采用气排钉固定，并保留 2 ~ 3mm 缩胀缝。

8.6.2　隔墙施工费计算

隔墙施工属于装修施工中比较简单、单一的施工种类，但是需要运用形体较大的材料，并对材料进行加工。在现代住宅空间中，当需要对室内空间进行分割时，采用石膏板隔墙最佳。

通常一间房的隔墙地面沿线长度约为 4m，高度为 2.8m，墙面面积约为 11m^2，整个空间需要制作隔墙的面积则约为 20 ~ 30m^2 左右。

一名施工人员每天能完成约 10m^2 隔墙，日均工资为 500 元，则最终的隔墙施工费为 50 元 /m^2。

这其中包含龙骨安装、石膏板安装、门窗洞口预留制作等一系列工作，注意隔墙施工费用的增减幅度不超过 10%。

8.7 吊顶施工

吊顶施工的工作量较大，施工周期较长，但是随着装修技术的发展，不少家装吊顶构造都采取预制加工的方式制作，即专业厂商上门测量，绘制图纸，再在生产车间加工，最后运输至施工现场安装，但即使如此，仍有很多吊顶构造需要在施工现场制作。

8.7.1 石膏板吊顶施工方法

在客厅、餐厅顶面制作的吊顶面积较大，多采用纸面石膏板制作，因此也称为石膏板吊顶。石膏板吊顶主要由吊杆、骨架、面层等三部分组成，吊杆承受吊顶面层与龙骨架的荷载，并将重量传递给屋顶的承重结构，吊杆大多使用钢筋；骨架承受吊顶面层的荷载，并将荷载通过吊杆传给屋顶承重结构；面层则具有装饰室内空间、降低噪声、界面保洁等功能（图8-36）。

图8-36 石膏板吊顶构造示意图
→吊顶重量由膨胀螺栓逐层传递至覆面石膏板板材上，从而形成由点到线，由线到面的传递过程。

混凝土楼板
膨胀螺栓
角形钢
φ8～φ10钢筋

轻钢挂件
承载龙骨
自攻螺钉
覆面龙骨
纸面石膏板

a）正立面图　　　　　　b）侧立面图

石膏板吊顶适用于外观平整的顶面造型，具体施工方法如下：

（1）在顶面放线定位，根据设计造型在顶面、墙面钻孔，安装预埋件。

（2）安装吊杆于预埋件上，并在地面或操作台上制作龙骨架。

（3）将龙骨架挂接在吊杆上，调整平整度，对龙骨架做防火、防虫处理（图8-37）。

（4）在龙骨架上钉接纸面石膏板，并对钉头作防锈处理，最后进行全面检查（图8-38）。

8.7.2 胶合板吊顶施工方法

胶合板吊顶是指采用多层胶合板、木芯板等木质板材制作的吊顶，这类吊顶适用于面积较小且造型复杂的顶面，尤其是弧形顶面或自由曲线顶面。由于普通纸面石膏板不便裁切为较小规格，

图 8-37　基层轻钢龙骨
↑制作吊顶龙骨前应进行精确放线定位，确定纵、横向龙骨与吊杆的确切位置。

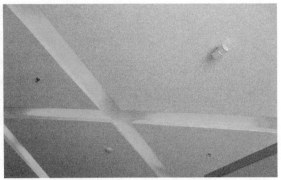

图 8-38　石膏板覆盖
↑直线形吊顶构造制作相对简单，但是要仔细校对水平度与垂直度，底面板材应遮挡侧面板材的边缘。石膏板吊顶制作完成后要检查其表面是否是绝对平整且无裂缝。

也不便做较大幅度弯曲，因此采用胶合板制作带有曲线造型的吊顶恰到好处（图 8-39）。

（1）在顶面放线定位，根据设计造型在顶面、墙面钻孔，安装预埋件。

（2）安装吊杆于预埋件上，并在地面或操作台上制作龙骨架。

（3）将龙骨架挂接在吊杆上，调整平整度，对龙骨架做防火、防虫处理（图 8-40）。

（4）在龙骨架上钉接胶合板与木芯板，并对钉头做防锈处理，最后进行全面检查（图 8-41）。

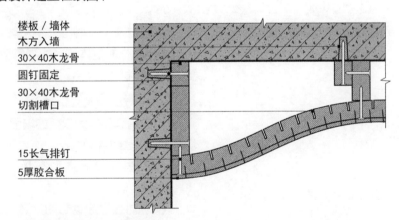

楼板／墙体
木方入墙
30×40木龙骨
圆钉固定
30×40木龙骨切割槽口
15长气排钉
5厚胶合板

图 8-39　胶合板吊顶构造示意图
↑对龙骨的弯曲处理主要是切割出凹槽，并进行外力积压，从而形成弧形构造。

图 8-40　基层木龙骨
↑直线形龙骨是弧形构造的重要支撑部件，最终会被封闭在饰面板内，应涂刷防火涂料。

图 8-41　胶合板覆盖
↑弧度不大的吊顶造型可以选用厚度为9mm以上的胶合板，这样装饰效果更好。

8.7.3 吊顶施工费计算

吊顶施工属于装修施工中比较复杂的施工种类，但是需要运用形体较大的材料，并对材料进行加工。在现代住宅空间中，需要对吊顶进行精确设计，并依据吊顶装饰造型的不同选用合适的板材。

通常在装修中，需要吊顶的空间为客厅、餐厅、走道等外部公共区域，共计需要制作吊顶的面积约为 20m² 左右。

一名施工人员每天能完成约 10m² 石膏板吊顶，日均工资为 500 元，则最终的吊顶施工费为 50 元 /m²。

这其中包含龙骨、石膏板加工安装等一系列工作，如果设计弧形与特殊造型的吊顶，或在吊顶边侧制作窗帘盒等构造，则难度较大，此时吊顶施工费用的增加幅度为 20%。

8.8 柜体施工

柜体指的是木质家具的基础框架，常见的木质柜件包括鞋柜、电视柜、装饰酒柜、书柜、衣柜、储藏柜与各类木质隔板等，木质柜件制作在木构工程中占据相当的比重。

现场制作的柜体应当能与房型结构紧密贴合，施工建议选用更牢固的板材（图 8-42）。

8.8.1 柜体施工方法

（1）清理制作大衣柜的墙面、地面、顶面基层，放线定位，切割板材（图 8-43）。

（2）根据设计造型在墙面、顶面上钻孔，放置预埋件（图 8-44）。

（3）对板材涂刷封闭底漆，根据设计要求制作柜体框架，调整柜体框架的尺寸、位置、形状（图 8-45）。

（4）将柜体框架安装到位，钉接饰面板与木线条收边，对钉头作防锈处理，将接缝封闭平整（图 8-46）。

8.8.2 柜体施工费计算

现代住宅空间装修多选用生态板制作柜体，这种板材切割简单方便，多采用收口条封闭边缘，板材挺括，安装完毕后耐用性较好。

通常在住宅空间装修中，卧室、书房中需要制作具有储藏功能的家具，如衣柜、储物柜等，按柜体正立面面积计算，每个房间需要制作柜体的面积约为 6 ~ 10m²。

一名施工人员每天能完成约 3m² 正立面面积的柜体，日均工资为 600 元，则最终的柜体施工费为 200 元 /m²。

这其中包含板材裁切下料、钉接组合、柜门制作、收口加

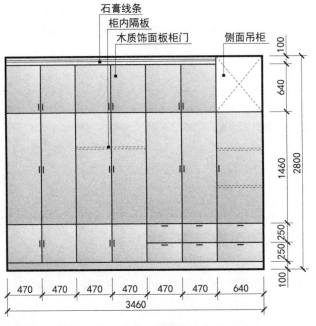

图 8-42 柜体构造设计示意图

←柜体对板材的精准度要求比较高，切割时必须采用台锯，柜门的宽度不宜超过500mm，长度不超过1600mm，以免发生变形。

a）正立面图　　　　　　　　b）侧立面图

图 8-43 板材切割

↑切割免漆板时应精确测量，切割速度均匀，确保板材边缘无开叉。

图 8-44 板材固定

↑板材居中或靠外的一侧采用螺钉固定,采用电钻紧固螺钉。

图 8-45 柜体组合

↑柜体制作完毕后应当仔细检查各项构造的水平度与垂直度，此外，对于柜体的稳固性也应做相应的测试。

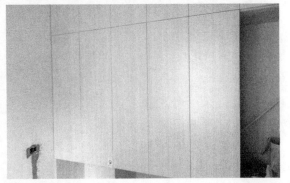

图 8-46 柜门安装

↑柜门安装到位后整体调试平整度与缝隙，尝试开合动作，确保开关自如。

工、五金件安装、部分抽屉制作等一系列工作，如果抽屉较多或有特殊造型的柜体，则难度较大，此时柜体施工费的增加幅度为20%。

8.9 涂料施工

当住宅空间装修进入涂料施工后，各个部位的装修效果才会逐渐反映出来。涂料施工方法多样，但是基层处理都要求平整、光洁、干净，并需要进行腻子填补、多次打磨，表面油漆涂料后才能完美覆盖基层表面的缺陷。现代涂料材料品种多样，应当根据不同材料的特性选用不同的施工方法。

8.9.1 聚酯清漆施工方法

根据不同的涂料品种，其施工方法也均有不同，施工前应当配齐工具与辅料，熟悉不同涂料的特性，并仔细阅读包装说明，下文主要介绍常见的聚酯清漆的涂料施工方法。

聚酯清漆涂料主要用于木质构造、家具表面，它能起到封闭木质纤维，保护木质表面，使其保持光亮、美观的作用。现代空间装饰中使用的清漆多为调和漆，需要在施工的过程中不断勾兑，且在挥发过程中需保持合适的浓度，以保证涂刷均匀。

在住宅空间装修中最常用的是聚酯清漆与水性清漆，这两种油漆涂刷后能获取平整的表面，且干燥速度快，其施工工艺具有一定的代表性（图8-47）。

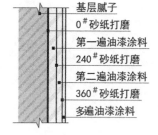

图8-47 聚酯清漆涂刷构造示意图
↑反复打磨，多层涂刷的目的在于追求表面的平整度，这也能提升木质构造表面的装饰效果。

图中标注：
基层腻子
0#砂纸打磨
第一遍油漆涂料
240#砂纸打磨
第二遍油漆涂料
360#砂纸打磨
多遍油漆涂料

（1）清理需涂刷的基层表面，铲除多余木质纤维，使用0#砂纸打磨木质构造表面与转角（图8-48）。

（2）根据设计要求与木质构造的纹理色彩对成品腻子粉进行调色处理，调色完成后即可修补钉头凹陷部位，待干后再用240#砂纸打磨平整（图8-49）。

图8-48 修补腻子
↑木质构造制作完毕后，采用砂纸打磨转角部位，去除木质纤维毛刺。将同色成品腻子填补至气排钉端头部位。

图8-49 刮除边角
↑待腻子干燥后采用刀片将构造边角打磨平整。

（3）整体涂刷第一遍清漆，待干后复补腻子，采用打磨机安装 360$^\#$ 砂纸打磨平整，然后整体涂刷第二遍清漆，采用打磨机安装 600$^\#$ 砂纸打磨平整（图 8-50）。

（4）在使用频率较高的木质构造表面涂刷第三遍聚酯清漆，待干后打蜡、擦亮、养护（图 8-51）。

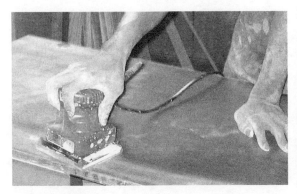

图 8-50　机械打磨
↑电动打磨机施工效率高，能快速平整涂刷木质材料表面。

图 8-51　刷涂聚酯清漆
↑采用砂纸打磨后刷涂聚酯清漆，施工时应当顺着纹理涂刷。

8.9.2　乳胶漆施工方法

涂料施工面积较大，主要涂刷在墙面、顶面等大面积界面上，施工要求涂刷平整、无缝。涂料具有一定的遮盖性，能完全遮盖原始构造的色彩，是装修施工必备的施工工艺。目前，常见的涂料施工主要包括乳胶漆涂料、真石漆涂料、硅藻涂料等三种，各自具有代表性，但其基层处理方法基本相同（图 8-52）。

（1）清理需涂刷的基层表面，对墙面、顶面不平整的部位填补石膏粉腻子，采用封边条粘贴墙角与接缝处，用 240$^\#$ 砂纸将涂饰界面打磨平整（图 8-53）。

（2）对涂刷基层表面进行第一遍满刮腻子，修补细微凹陷部位，待干后采用 360$^\#$ 砂纸打磨平整，满刮第二遍腻子，仍采用 360$^\#$ 砂纸打磨平整（图 8-54）。

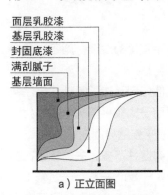

面层乳胶漆
基层乳胶漆
封固底漆
满刮腻子
基层墙面

a）正立面图

图 8-52　乳胶漆涂刷构造示意图

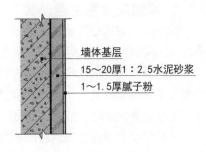

墙体基层
15～20厚1：2.5水泥砂浆
1～1.5厚腻子粉

b）侧立面图

←墙面的平整度是乳胶漆施工的根本，必要时需要加大打磨力度，这要求施工人员具有较高的耐心。

（3）根据界面特性选择涂刷封固底漆，复补腻子磨平，整体涂刷第一遍乳胶漆，待干后复补腻子，并采用360#砂纸打磨平整（图8-55）。

（4）整体涂刷第二遍乳胶漆，待干后采用360#砂纸打磨平整，养护（图8-56）。

图8-53　修补接缝
↑石膏板构造的接缝处先采用石膏粉填补，再粘贴封边条。

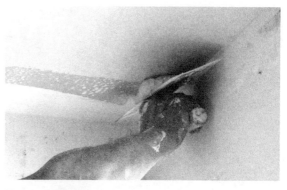

图8-54　刮涂腻子
↑满刮腻子时采用刮刀施工，并保持界面的平整度和细腻度。

图8-55　砂纸打磨
↑待腻子完全干燥后，采用砂纸打磨，打磨时应用灯光照射，检查表面平整度。

图8-56　滚涂乳胶漆
↑采用滚筒滚涂墙面乳胶漆，墙顶面边缘应当保留空白，避免彩色乳胶漆沾染至顶面。

8.9.3　涂料施工费计算

1.聚酯清漆施工费计算

涂料施工的核心在于基层处理与平整度的塑造，施工人员会将大量时间精力放在追寻基层的平整度上。

聚酯清漆是油性涂料的代表，其他如硝基漆、氟碳漆等涂料的施工与聚酯清漆类似，这类涂料适用于比较平整的木质板材，施工时需要多次涂刷、打磨才能得到较平整的界面。

一般装修中需要涂刷涂料的木质构造并不多，主要集中在具有装饰造型部位的局部细节，共计约 6 ~ 8m² 左右。一名施工人员每天能完成约 10m² 木质构造表面聚酯清漆涂刷，日均工资为

600 元，则最终的聚酯清漆施工费为 60 元 /m²。

2. 乳胶漆施工费计算

乳胶漆多选用石膏粉和腻子粉对墙面、顶面进行找平，施工时也需要多次打磨，但表面乳胶漆滚涂施工相对比较轻松，施工效率也较高。

住宅空间装修墙面、顶面需要涂刷乳胶漆约 200 ~ 300m²。一名施工人员每天能完成约 30m² 乳胶漆涂刷，日均工资为 600 元，则最终的乳胶漆施工费为 20 元 /m²。

上述涂料施工包含界面基层处理、找平、油漆涂料调配、涂刷、修补等一系列工作，如果转角或特殊造型较多，或需要调色，则难度较大，此时涂料施工费用的增加幅度为 10 ~ 20%。

涂料施工的核心在于基层处理与平整度的塑造，施工人员会将大量时间精力放在追寻基层的平整度上。

8.10 壁纸施工

本节带读者了解壁纸施工时常见的一些问题，并掌握解决的办法，当壁纸使用出现问题时，业主便可自行修理，这也能省去因请装修工人维修而需要支出的预算。

8.10.1 壁纸施工方法

壁纸指传统的纸质壁纸、塑料壁纸、纤维壁纸等材料，壁纸的基层一般为纸浆，与壁纸胶接触后粘贴效果较好，壁纸铺贴工艺复杂，成本高，应该严谨对待（图 8-57、图 8-58）。

（1）清理需铺贴壁纸的基层表面，对墙面、顶面不平整的部位填补石膏粉腻子，并用 240# 砂纸将涂饰界面打磨平整。

（2）对基层表面做第一遍满刮腻子，修补细微凹陷部位，待干后采用 360# 砂纸打磨平整，满刮第二遍腻子，仍采用 360# 砂

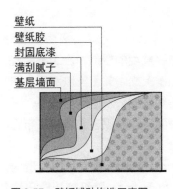

壁纸
壁纸胶
封固底漆
满刮腻子
基层墙面

←在铺贴壁纸前需要涂刷基膜，这也能加强壁纸的粘合力。
→在铺贴之前应当仔细阅读壁纸的施工说明，并根据不同壁纸的特征来采取对应的施工方式。

图 8-57 壁纸铺贴构造示意图

 可用海绵擦拭

 可洗

 特别耐洗

可刮擦

国际优质环保国际质量体系认证

耐适度光

已涂胶

 把胶水涂到墙上

 耐强光

 可撕开

可剥落

不对花

 同步对花

 上下对花

 翻转对花

图 8-58 壁纸铺贴特性

纸打磨平整，对壁纸粘贴界面涂刷封固底漆，复补腻子磨平。

（3）在墙面上放线定位，展开壁纸检查花纹、对缝，依据需要进行裁切，并设计粘贴方案，在壁纸背面和墙面上涂刷专用壁纸胶，上墙对齐粘贴（图8-59、图8-60）。

（4）赶压壁纸中可能出现的气泡，严谨对花、拼缝，擦净多余壁纸胶，修整养护7天（图8-61、图8-62）。

图8-59　壁纸涂胶
↑将壁纸逐步匀速推拉，壁纸胶即会均匀涂至壁纸背面。

图8-60　对齐铺贴
↑将壁纸上墙铺贴，应特别注意对齐花位置，使其无接缝、无错位。

图8-61　刮板赶压气泡
↑采用刮板将对齐后的壁纸刮平，速度要快，如有未对齐处，可以及时移动。

图8-62　待干养护
↑壁纸铺贴完成后应当封闭门窗养护，避免快速干燥后导致脱落或起泡。

8.10.2　壁纸施工费计算

壁纸施工的核心在于基层处理与平整度的塑造，施工费用应当预先计入墙面找平的施工费中。根据上文中关于乳胶漆施工的费用计算，应当采用石膏粉与腻子粉对墙面、顶面进行找平，壁纸施工前也需要多次打磨，并需在表面滚涂基膜，整体施工与乳胶漆施工一致。

一名施工人员每天能完成约30m² 基础处理，日均工资为600元，则墙面基层处理施工费为20元 /m²。壁纸施工时仍需要运用涂胶器、水平仪等设备，一名施工人员每天能铺贴完成约 60m² 墙面壁纸（约 16 卷壁纸），日均工资为 600 元，则壁纸铺贴施工费为 10 元 /m²。因此，墙面基层处理与壁纸铺贴综合施工费用为 20 元 /m² + 10 元 /m² = 30 元 /m²。

壁纸施工包含界面基层处理、找平、基膜涂刷、壁纸胶调配、壁纸铺贴、修补等工作，如果转角或特殊造型较多、难度较大，则壁纸施工费的增加幅度为 10% ~ 20%。

8.11 门窗安装施工

门窗安装讲究横平竖直，注重密封性与牢固性，现代住宅装修中的门窗多为成品构件，要强化固定结构，不能存在任何松动与间隙。

8.11.1 成品门（窗）安装方法

成品门（窗）的具体安装方法如下：

（1）装修施工中，按照安装设计要求预留门（窗）洞尺寸，订购产品前应再次确认门（窗）洞尺寸（图 8-63）。

（2）将成品门（窗）运至施工现场后打开包装，仔细检查各种配件，将门（窗）预装至门（窗）洞。

（3）如果门（窗）洞较大，可以采用 15mm 木芯板制作门（窗）框基层，表面采用强力万能胶粘贴饰面板，并采用气排钉安装装饰线条。

（4）将门（窗）扇通过合页连接至门（窗）框上，进行调试，然后填充缝隙，安装门锁、拉手、门吸等五金配件（图 8-64）。

图 8-63 定位
↑将门框直接套在门洞中，如果宽度不合适，应当对门洞进行修整，或是拓宽门洞，或是采用板材缩小门洞。

图 8-64 安装调试
↑水平仪校正完毕后，要仔细调整门扇，保持边缝均衡一致。

8.11.2 推拉门安装方法

推拉门又称为滑轨门、移动门，凭借光洁的金属框架、平整的门板与精致的五金配件赢得使用者的青睐，一般安装在厨房、卫生间或卧室衣柜上。

（1）检查推拉门及配件，检查柜体、门洞的施工条件，测量复核柜体、门洞尺寸，根据施工需要做必要修整。

（2）在柜体、门洞顶部制作滑轨槽，安装滑轨（图8-65）。

（3）将推拉门组装成型，挂置到滑轨上。

（4）底部安装脚轮，测试调整，清理施工现场（图8-66）。

图8-65 安装滑轨

↑在柜体上端安装滑轨，安装时要保持绝对的水平度。

图8-66 推拉门调试

↑门扇上端安装滑轮，然后将其嵌入至滑轨中，使门扇吊挂在滑轨上。整体检查衣柜门的平整性与推拉滑轨的灵活性。

8.11.3 门窗安装施工费计算

门窗成品安装相对简单，施工要求施工人员运用设备进行精准的定位，安装必须保证其水平度与垂直度。

当门窗产品加工完毕运输至施工现场后，一名施工人员每天能完成约5扇（套）成品门窗的基础处理，日均工资为500元，则最终的门窗安装施工费为100元/扇（套）。

上述门窗安装施工包含门窗边框界面基层处理、找平、局部龙骨板材支撑、门窗框扇安装、门窗调整等一系列工作，如果门窗框基础界面存在水平、垂直偏差等问题，则难度较大，需要作以调整，因此门窗安装施工费用的增加幅度为20%左右。

8.12 地板施工

地面铺装材料种类较多，主要为地砖铺装与地板铺装，地砖铺装施工前文已有介绍，下文将介绍地板的施工方法。

8.12.1 复合木地板铺贴方法

复合木地板具有强度高、耐磨性好、易于清理的优点，购买后一般由商家派施工人员上门安装，无须铺装龙骨，施工工艺比较简单（图 8-67）。

（1）测量地面铺装面积，清理地面基层水泥砂浆、垃圾与杂物，必要时应对地面进行找平处理（图 8-68）。

（2）将复合木地板搬运至施工现场，打开包装放置 5 天，使木地板与环境相适应。

（3）铺贴地面防潮毡，压平，放线定位，依次铺贴木地板（图 8-69）。

（4）安装踢脚线与封边装饰条，清理现场并养护 7 天（图 8-70、图 8-71）。

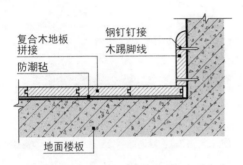

图 8-67 复合木地板铺贴构造示意图
↑复合木地板对地面的平整度要求很高，根据具体环境状况可以有选择地预先制作自流平地面，虽然增加成本，但是能获得较好的平整度。

图 8-68 测量地面面积
↑铺贴前需要仔细测量房间地面各方向尺寸，精确计算木地板的用量。

图 8-69 铺贴防潮毡
↑在地面铺贴防潮毡，应当铺贴整齐，不宜有漏缝。

图 8-70 板材切割
↑采用切割机将板材对半裁切，用于房间首端错位铺贴。

图 8-71 复合木地板安装固定
↑末端木地板应当采用传击件固定，锤子的敲击压力能直接传递到地板上。

8.12.2 实木地板铺贴方法

实木地板较厚实，具有一定弹性和保温效果，属于中高档铺装材料，一般采用木龙骨、木芯板制作基础后再铺贴，工艺要求更为严格，下文将讲解实木地板的铺贴方法，也适合竹地板铺贴（图 8-72、图 8-73）。

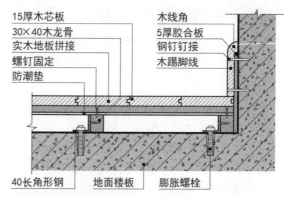

图 8-72　实木地板铺贴构造示意图

↑实木地板铺贴追求超高的平整度，因此需要在地面制作基层龙骨，应在龙骨上铺贴木芯板，通过这两种材料的调平，能满足实木地板的铺装需求。

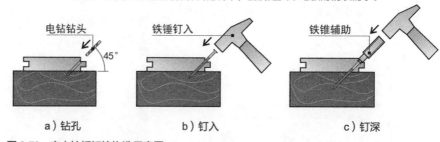

a）钻孔　　　　　　b）钉入　　　　　　c）钉深

图 8-73　实木地板钉接构造示意图

↑钻头钻孔能快速定位，放置钉子钉入木质纤维，用铁锥辅助能避免锤子破坏实木地板边缘。

（1）清理地面，根据设计要求放线定位，钻孔安装预埋件，并固定龙骨（图 8-74、图 8-75）。

（2）将实木地板搬运至施工现场，打开包装放置 5 天，使地板与环境相适应。

（3）从内到外铺贴木地板，使用地板专用钉固定，安装踢脚线与装饰边条（图 8-76、图 8-77）。

（4）调整修补，打蜡养护。

图 8-74　地面放线

↑将预铺装地面清扫干净，进行放线定位，放线交错点距即为龙骨预埋件位置。

图 8-75　安装龙骨

↑采用木钉或膨胀螺栓将龙骨安装至预埋木屑上，可在龙骨底部增垫胶合板来调平龙骨。

图 8-76 铺装垫材与木芯板
↑在防潮毡上钉接木芯板，可以全铺或局部铺贴，但是局部铺贴面积不能小于整体面积的 40%。

图 8-77 实木地板安装
↑实木地板铺贴时应当采用地板钉固定，周边应钉接踢脚线。

8.12.3 地板施工费计算

地板施工技术并不复杂，但对地面的平整度提出了较高的要求。

复合木地板铺贴快捷，如果地面平整度低，则需预先对地面进行找平处理，可选用水泥砂浆找平或自流平水平找平，一名施工人员每天能完成约 30m^2 地面找平，日均工资为 600 元，则最终复合木地板的施工费用为 20 元 /m^2。如果地面平整度高，可以直接铺装复合木地板，一名施工人员每天能完成约 60m^2 地板铺贴，日均工资为 600 元，则最终复合木地板的施工费用为 10 元 /m^2。

实木地板铺贴需要制作木龙骨基层，如果地面平整度低，同样需预先对地面进行找平处理，可选用水泥砂浆找平或自流平水平找平，一名施工人员每天能完成约 30m^2 地板铺贴，日均工资为 600 元，则最终实木地板的施工费为 20 元 /m^2。

上述地板施工包含地面基层处理、地板安装、地板调整等一系列工作，如果地面基础特别不平整，或转角弧形空间较多，则地板施工费的增加幅度为 20% ~ 30%。

参考文献

[1] 向龙洲. 新房与二手房选购完全手册 [M]. 北京：人民邮电出版社，2018.

[2] 沈立刚，等. 选房选生活 [M]. 北京：机械工业出版社，2009.

[3] 蒋杰. 买套好房子 [M]. 北京：中国铁道出版社，2019.

[4] 子安. 买房可以很简单：给普通人的一堂极简买房课 [M]. 成都：成都时代出版社，2019.

[5] 漂亮家居编辑部. 装修工法全能百科王 [M]. 南昌：江西科学技术出版社，2018.

[6] 姥姥. 这样装修不后悔 [M]. 北京：北京联合出版公司，2014.

[7] 陈雪杰，业之峰装饰. 室内装修施工全能一本通 [M]. 北京：人民邮电出版社，2020.

[8]《快乐家装》编辑部. 这样装修不超支、不被宰、不返工 [M]. 北京：北京联合出版公司，2014.

[9] 房如意. 房产常识速查速用大全集 [M]. 北京：中国法制出版社，2013.

[10] 徐斌. 千万别说你懂买房 [M]. 北京：中信出版集团，2017.

[11] 刘二子. 装修必须亲自监工的 81 个细节 [M]. 北京：机械工业出版社，2011.

[12] 高祥生，等. 装饰装修材料与构造 [M]. 南京：南京师范大学出版社，2020.

[13] 王剑锋，王凌华. 装饰装修工程施工安全技术与管理 [M]. 北京：中国建材工业出版社，2017.

[14] 张飞燕. 建筑施工工艺 [M]. 杭州：浙江大学出版社，2019.

[15] 严小波，郭彦丽. 建筑装饰预决算 [M]. 北京：中国轻工业出版社，2020.

[16] 袁景翔，张翔. 建筑装饰施工组织与管理 [M]. 北京：机械工业出版社，2021.